大嶋信頼

JN219576

「やる気が出ない」が一瞬で消える方法

GS
幻冬舎新書
512

はじめに

「バグ」の原因は気づきにくい

みなさんはこのような状態に陥ったことはないでしょうか。

- 明朝プレゼン資料の締め切りがあるのに、夜中になるまで取り掛かれない。
- 「すぐにやって」と言われた仕事を後回しにしてしまう。
- 資格を取ればいまより良い待遇になるのに、試験勉強に手がつかない。
- 「ここぞ」というところで集中できない。
- 将来のことを考えると不安で、いま頑張る気力が湧いてこない。
- 上司にキツイことを言われると、より仕事が遅くなる。
- 憂鬱な予定が待ち構えていると、身体が動かなくなる。

私はカウンセラーとして7万件を超える臨床を行なってきました。カウンセリングには、前のページで挙げたように自分の意思に反して「気力が湧かない」「動けなくなっている」と感じている人がたくさん来られます。また、無気力状態になって自室に引きこもっている我が子を心配して訪ねてくる親御さんもいます。みなさん「怠け癖があるから」「意思が弱いから」「つい先送りにしてしまう性格のせいで」などとやる気が出ない・動けない理由を分析されています。つまり、自分の性格やメンタルの弱さが原因で、このような状態に陥っていると思っているのです。

自己啓発書を読んで自分の意識をポジティブに変えれば、この状態を抜け出せるのではという方もいました。しかし、短期間は前向きになったり意欲的になったりしますが、小さなことにつまずき、いわゆる「リバウンド」してさらに動けなくなることもあります。そういったことを繰り返して「意思が弱い」と自分を責めるようになり、ますます自分のことを嫌いになった、信用できなくなった、という経験がある方は多いはずです。

なぜ、自分の心と身体なのに、こうも自分でコントロールできないのでしょうか。まずお伝えしたいのは、みなさんが考えている「無気力」の原因は、本当の原因からは離れていることがほとんどであるということです。第1章で詳しく説明しますが、原因は外的要因であることが多く、それを客観的に認識すること（本書では「外在化」と呼んでいます）ができていないために、無意識のうちに自分を責め、さらに動けなくなる、という悪循環が起きているのです。

「動けなくなる」という状態は、たとえるとしたらみなさんの心の中で「バグ」が起きているようなものです。バグというのはパソコン用語で、「プログラムの中にある誤り」を指します。このバグがあることで、システム全体に狂いが生じ、システムダウンを引き起こすこともあります。

たった1つのバグが原因でパソコンが起動できなくなるように、心の中に1つのバグがあるだけで、その人自身が起動しなくなり、生活に支障をきたし、思わぬ健康被害をこうむることさえあります。しかもバグが生じる原因は、その人が普段意識しないところに隠れていることが多いため、自分ではバグの原因に気づけないことがほとんどです。

バグは、どこで起きているのか見つけられれば修正できます。この本を読むことで、バグの原因に思い当たり、さらには具体像が見えてくるはずです。気づくだけで、現状の捉え方が変わり、自分の変化を実感でき、自信を取り戻せます。私が行なっている療法は、いわゆる普通の心理学や精神医学とはかけ離れているものだ、と感じられるかもしれません。しかし、それはバグの原因を客観的に見つめ直す「外在化」するためのアプローチであることを、本書を読みながら気づいていっていただければ嬉しく思います。

第1章ではいま感じている無気力(バグが起きている)状態を放置するとどういう問題と結びついてしまうのか、無気力状態を侮らないために知っておいてほしい基本事項を述べます。

第2章から第4章までは、無気力(バグ)を作る大きな要因——万能感(第2章)、他者から受ける嫉妬(第3章)、脳のネットワーク内のトラブル(第4章)——について述べます。いま羅列しただけでは意味がわからないものが多いと思いますが、それぞれ症例を紹介して無気力（バグ）が起こるメカニズムについても説明します。そして、複数の具体的な「バグの撃退法」をお伝えします。

1人でも多くの人が、心のバグを取り除き、無気力な状態から気持ちよく抜け出せることを願っています。

「やる気が出ない」が一瞬で消える方法／目次

第4章　恐るべし！　脳のネットワーク
――母親との関係性が作る「無気力」とその他の無気力

編集協力　佐藤美奈子
図版・DTP・美創

第1章
「無気力」状態はこんなにマズイ！

「無気力」な状態は周囲から軽視されがちです。締め切りを守れない人や、会社を休みがちになる人は、たんに怠けているだけだと受け取られることも多いです。また、他人に対してそう考えていた人は、いざ「無気力」状態に陥ったときに「怠慢な自分が情けない」と自分を責める傾向にあります。とくに男性はカウンセラーに相談するという行為に抵抗を感じるのか、症状が重篤になるまで放っておく人も多くいます。

この章では、「無気力」な状態がどういう問題と結びついているのか、なぜ「無気力」状態がまずいのか、基本として知っておいてほしい事実について述べます。

無気力状態は健康被害も及ぼす

本書では「無気力」や「動けなくなる」といった言葉を使っていますが、この状態は、心理学の用語では「学習性無力症（学習性無力感）」と言います。

学習性無力症とは、努力を続けても期待する成果が得られない経験・状況が長びいた結果、何をしても無意味だ、無駄だと感じるようになり、現状を脱する努力をしなくなること、つまり何に対しても希望が持てないまま、「無気力」になって「動けなくなる」ことです。

この学習性無力症については、米国の心理学者マーティン・セリグマンによる有名な実験があります。

これは、ケージに電流を流して電気ショックを与えるというものです。

まず犬をそれぞれ次の2つのケージに入れます。

①電気が流れており、ボタンを押すと電気ショックを回避できるケージ
②電気が流れており、何をしても電気ショックを回避できないケージ

①のケージに入った犬は、ボタンを押すと電気が止められることを学習し、電気が流れるとすぐにボタンを押す行動を起こすようになりましたが、②の部屋に入った犬は何をしても電気を止めることができないことを学ぶと、何も行動を起こさなくなりました。

その後に、両方の犬を、ボタンを押すと電気ショックを回避できるケージに移したとこ

ろ、前者の犬は回避行動をとりましたが、後者の犬は動かずにひたすら電気ショックに耐え続けたといいます。

この実験は犬に対してですが、人間に対しても電流の代わりに不快な雑音を聞かせる実験が行なわれたところ、同様の結果となりました。実験前半に不快な雑音を止めることができなかったグループは、実験後半で雑音を止めることができる状態になったときでも、成功率が低かったのです。

つまりこの実験は、人の無気力は経験によって学習されるものだということを示唆しています。

日常生活の場合でも、責められ続けていると感じることで、電流や雑音を流されたときに近い脳の状態になります。

「お前はダメだ」という電流を流され続けると、その「ダメ」さをみずから再現するようになり、「ダメ」だと思い込んで本当にダメになるのです。

この学習性無力症が与えるダメージは精神的なもののみではなく、身体的な健康被害にも関連していることが複数の実験によってわかっています。

代表的な例が、胃潰瘍とがんの発症です。逃れることのできない（自身で制御できない）状態で電気ショックを受け続けたラットは、重い胃潰瘍が起こること、がんの出現と進行が速いことが報告されています。また、ヒトを被験者とした実験では、強いストレスから逃れられなかった場合に免疫系に変化が生じる（アレルギー関連疾患やがん発症に影響すると考えられる）ことを示す結果もあります。※

※大芦治『無気力なのにはワケがある』第3章「無気力が健康を害する」（NHK出版新書）／Weiss, J. M. 1968 Effects of coping responses on stress.Journal of Comparative and Physiological Psychology, 65(2).251-260／久野真由美、矢澤久史、大平英樹、2003「学習性無力感の生起事態における特性的自己効力感と免疫機能の変動」（『心理学研究』73, No.6, 472-479）

「無気力」な人の脳で不足している神経伝達物質

ヒトの脳の中には、認知機能——物事を推理・判断したり、記憶したり、学習したりする機能――や、喜怒哀楽を感じる機能などを分担する神経細胞（ニューロン）がそれぞれにあります。それらニューロン同士は、電気信号を送り合っています。

これらニューロン同士の電気信号を結びつけ、つながることを可能にしているのが、いわゆる神経伝達物質と呼ばれる化学物質です。それぞれのニューロンには神経伝達物質を受け取るためのレセプターが付いているので、ニューロン間における神経伝達物質を通した行き来が可能となります。それぞれのニューロンが神経伝達物質を通してつながることで、ヒトは知能を働かせたり、笑ったり泣いたりできる、というわけです。

そうした役割を担う神経伝達物質は、その存在数は数十種類とも100種類以上あるとも言われています。なかでも、ドーパミン、アドレナリン、ノルアドレナリン、セロトニンなどのホルモンはよく知られています。

結論を先取りしますが、学習性無力症の人の脳では、ともに2つの神経伝達物質――ノルアドレナリンとセロトニン――が不足していると言われています。

ノルアドレナリンは、交感神経の活動を盛んにして血圧を上昇させ、末梢血管を収縮させる働きがあります。これが放出されることで意欲が湧きますが、同時に緊張・興奮状態をもたらす作用もあります。

セロトニンは、ノルアドレナリンやドーパミン（アドレナリンが生成される前段階の物質。興奮・覚醒を伝達する）の働きを抑え、精神の安定や平常心の維持に関係します。セロトニンの働きが弱まると、不安や抑うつ症状を引き起こすと言われます。

ちなみに、学習性無力症の人の脳ではノルアドレナリンやセロトニンが減少していると考えられているものの、なぜ減少するのかは必ずしも解明されていません。ただ治療という点から考えれば、患者の症状を和らげるためにとりあえずその量を増やしてあげればよい、と言えます。

ただし、ノルアドレナリンやセロトニンは、ほどよく分泌されれば良い効果を生みますが、過剰に分泌されたりすると、生体にマイナスの影響を及ぼします。そのため、人は、増えすぎたノルアドレナリンやセロトニンを壊す酵素ＭＡＯ（モノアミン酸化酵素）を持っています。

学習性無力症とノルアドレナリン

ワイス（前述の、ラットが胃潰瘍になる実験を報告した研究者）は、2つの実験を通して、ノルアドレナリンと学習性無力症との関係について問題提起をしました。

まず、図1のような装置をつけ、次の3つの異なる条件下に置かれたラットが、それぞれに分泌するノルアドレナリンの量を測定する、という実験です。

(1) 電気ショックが与えられるものの、そこから逃れることができる条件（以下、回避条件と言います）

(2) (1)のラットと同じ量の電気ショックが与えられ、なおかつそれから逃れられないという条件（以下、連動条件と言います）

(3) 電気ショックが与えられないという条件（以下、対照条件と言います）

1つめの実験では、これら(1)～(3)の条件下に置かれたラット（全部で33匹）に、それぞれ2時間30分から3時間かけて約70回の電気ショックが与えられました。

図1　ワイスの実験装置（実験①）

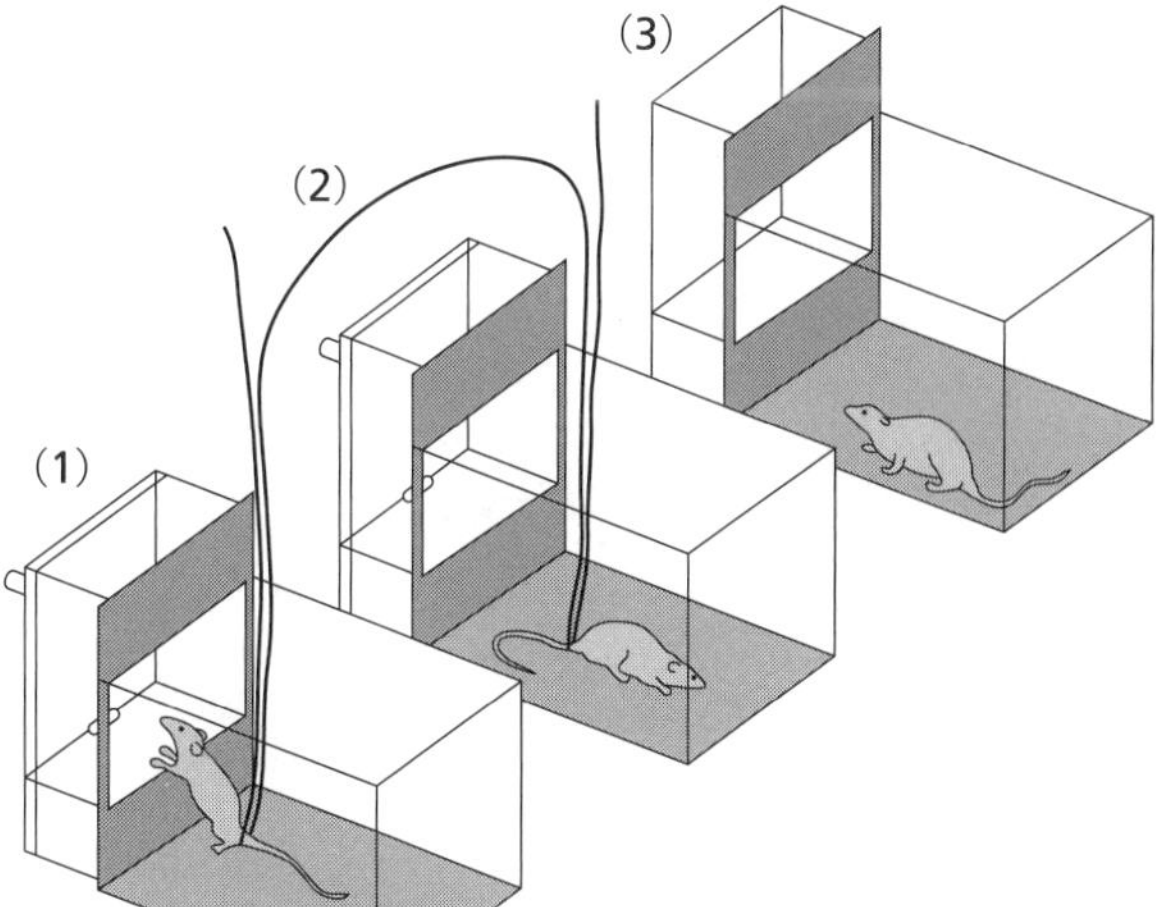

※電気ショックが与えられた場合は、一段高い位置に移れば逃れることができる

　このなかでノルアドレナリンを最も多く分泌したラットは、(1)回避条件のラットでした。(1)回避条件のラットよりも分泌量が少なかった(2)連動条件と(3)対照条件のラットは、だいたい同じ量のノルアドレナリンを分泌していました。

　2つめの実験では、最初の実験と同じ3つの条件——(1)回避条件、(2)連動条件、(3)対照条件——のもとにラットのノルアドレナリンの量を測定しました。ただ最初の実験とは、用いる装置と実験にかける時間が異

図2　ワイスの実験装置（実験②）

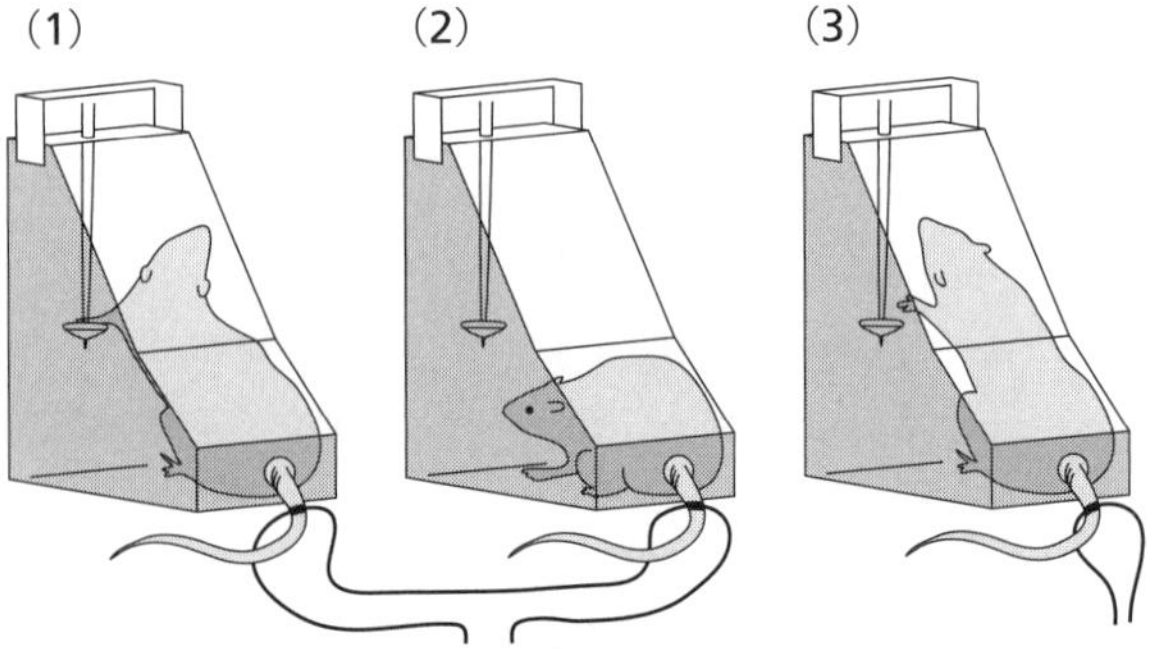

なりました。

図2のように、ラットが電気ショックから逃れるには、目の前に吊るされたディスクを引く必要がありました。さらにこの実験は、48時間かけて行なわれました。

2つめの実験では、全体的に、最初の実験よりもラットが分泌したノルアドレナリンの量が減っていました。そして、ノルアドレナリンを最も多く分泌したのは、最初の実験と同様に(1)回避条件のラットでした。その次に多かったのが(3)対照条件のラット、最も少なかったのは(2)連動条件のラットでした。

ノルアドレナリンが減少する条件

これらの実験から、何が言えるでしょうか。

1つめの実験は、2つめの実験と比べてラットが電気ショックにさらされた時間は短いものでした。また(1)回避条件のラットがこなさなければいけない課題は、2つめの実験と比較して1つめの実験のほうが簡単だったと言えます（高い位置にのぼるほうがディスクを引くより簡単）。

こうした2つの違いが、ラットが分泌するノルアドレナリンの量に影響したと考えられます。2つめの実験に参加したラットは、1つめの実験のラットよりも、そうとう過酷な環境に置かれていたと言えるでしょう。つまり、どちらも自分で制御できない事態に遭遇していた点では同じでも、それに耐える時間と課題の難易度の差が、分泌するノルアドレナリンの量に変化をもたらした、と言えるのです。

1つめの実験では、(2)連動条件のラットと(3)対照条件のラットで、分泌するノルアドレナリン量に大きな差が生じませんでした。つまりどちらのラットも、無気力状態になる度合が大して変わらなかったと言えます。これは、1つめの実験のラットが置かれた環境が、2つめの実験より比較的耐えやすいものなので、このくらいの環境ならば、電気ショックというストレスを受けても、我慢して乗り切ることができることを示しています。

ところが2つめの実験では、⑵連動条件のラットは⑶対照条件のラットよりもノルアドレナリンの分泌量が少なくなりました。どうにかして電気ショックを止めたくても、止められないことがわかった⑵連動条件のラットは、ただただ絶望しながら耐えるしかなかったはずです。しかも、その過酷な状態が長く続き、いつになったら終わるのかわからないのですから、絶望感はさらに増すでしょう。2つめの実験で、⑵連動条件のラットのノルアドレナリンの分泌量が最も少なくなったのには、それが関係したと考えられます。

先にも述べたように、ノルアドレナリンが放出されることで意欲が湧きますが、同時に緊張状態ももたらします。そのため、電気ショックに対応し、かつ、そこから逃れられたラットは、緊張しつつ意欲も湧く状態——つまり無気力とは程遠い状態——を保てるという意味で、ノルアドレナリンの数値が大きかったと考えられます。

2つの実験のどちらでも⑴回避条件のラットのほうがノルアドレナリンの分泌量が多いのは、こうした仕組みと関係しているでしょう。

ただし、48時間という長時間にわたって厳しい環境に置かれていれば、作られるノルアドレナリンの量にも限界が生まれてきます。2つめの実験で、総じて分泌量が少ないのは、こうしたことと関係するでしょう。

学習性無力症を起こしている脳では、脳内のノルアドレナリンの量が減少していると前述しました。そして、この実験によって、コントロール不可能な困難な状態に直面したときに、学習性無力症と同じ脳内の生理現象が起きることがわかりました。※

※大芦治『無気力なのにはワケがある』第4章「無気力がうつ病を招く」（NHK出版新書）

重要なセロトニン調節

神経伝達物質であるセロトニンについても、学習性無力症との関係を指摘するさまざまな実験報告があります。それらの実験の結果も、セロトニンの不足がやはり学習性無力症の状態を引き起こすことを物語っています。

ただ、神経伝達物質は過剰に分泌されすぎても問題を起こします。

先に述べたように、ニューロンからニューロンに電気信号を伝えるときに、神経伝達物質が放出されます。セロトニンもこのようにして放出され、あるニューロンのレセプターがこれを受け取ります。

このとき、もしセロトニンがたくさん分泌されていても、受け取る側であるレセプターが増えすぎると、セロトニンの効果は薄まってしまいます。そこでレセプターが増えすぎた場合は、レセプターのいくつかをブロックすることで、ニューロンとニューロンのあいだを漂うセロトニンの量を増加させることができます。

レセプターをブロックするには、それなりに時間がかかりますから、そのあいだは静かに、じっとしていないといけません。やる気がなくなって無気力傾向にある人(つまりセロトニンが減少している人)は、その意味でもしっかり休息する必要があります。それを休息の途中で無理をしたり、「頑張らなければ」と一生懸命になってしまったりすると、ふたたびセロトニンが一気に放出されてしまい、レセプターが増え、セロトニン効果が一気に減少します。

これは、セロトニンのレセプターが増えすぎたことで、結果的にセロトニンが効果を発揮しなくなったということですが、そのことが原因で、あるとき突然動けなくなる、という人もいます。

現在、比較的よく用いられるうつ病治療薬SSRI（選択的セロトニン再取り込み阻害薬）は、その名の通り、セロトニンを再度取り込む作用を妨害する働きを持っています。これは、増加したセロトニンに対応するため同時に増えたレセプターをブロックすることで、再度レセプターに取り込まれてセロトニンが減少することを防ぐ狙いを持った薬です。

レセプターがブロックされることで行き場を失ったセロトニンはニューロンとニューロンのあいだを漂うことになり、脳内のセロトニンは増える、というわけです。

学習性無力症はうつ病ではないの？

ところで、ここまで読んだ読者の方で、「学習性無力症」と言っているけれど、何だか「うつ病」についての記述を読んでいるみたいだ、と感じる方がいるかもしれません。

その感覚は限りなく正解に近い、と言えるでしょう。さまざまな実験結果や医学論文を通しても、学習性無力症とうつ病のあいだの類似関係、共通性が、非常にたくさん報告されているからです。

症状に注目した場合も、両者の違いはわかりにくいものです。仕事や勉強をしようとしてもまったく意欲が湧かない、テレビを見ながら一日中ゴロゴロしてしまう、部屋が散らかっているのに掃除する気になれない、不眠が続く……。こうした状態が、学習性無力症なのかうつ病なのかは、一般の人では判断しづらいはずです。

無気力や意欲の減退（「動けなくなる」こと）は、確かに、うつ病の中心的な症状でもあります。ただし、学習性無力症の場合は、無気力になる対象が本業（仕事や勉強など）に特定されており、いっぽうでうつ病の人が無気力になる対象は、日常生活全般にわたる、とされています。

現在、病院の医師がうつ病の診断を行なうときの基準には、世界保健機関（ＷＨＯ）による疾病分類「ＩＣＤ」（２０１８年時点の最新版は「ＩＣＤ-11」で、２０１９年５月に採択予定）やアメリカ精神医学会のＤＳＭ（Diagnostic and Statistical Manual of Mental Disorders、２０１８年時点の最新版は第5版）などがあります。

うつ病や躁うつ病は、落ち込んだり物事への興味・関心がなくなって気分が落ち込んだり、喜びの感情がなくなったり、無気力になったり疲れやすくなったりします。それ以外に、「ICD-10」では次のような症状があると書かれています。

○集中力や注意力が低下する
○自信がなくなり自己評価が低下する
○罪責感を持ったり、何事にも価値が認められなくなったりする
○将来に対して悲観的な見方をするようになる
○自傷や自殺の観念が生じたり、実際に行なったりすることがある
○睡眠障害
○食欲不振

これらの症状が約2週間にわたって続くときに、うつ病と診断されます（DSMも具体的な診断基準を掲げていますが、重なるところが大きいと言えます）。

前ページに挙げた症状を眺めてもらえばわかるように、学習性無力症の症状は、いわゆる「うつ病」の症状に、多くの点で当てはまっていると言えるのです。

いわゆる「うつ病」においても、ノルアドレナリンやセロトニンの不足が関係していることはすでに明らかになっています。症状においても仕組みにおいても、学習性無力症と「うつ病」とが、切っても切れない関係にあることは間違いありませんし、無気力な状態を放置することは最終的にうつ病につながる恐れがあると言えるでしょう。

うつ病患者の増加は何を表すか?

さて、学習性無力症との共通点が複数の観点から示されるうつ病ですが、ここ十数年の日本では、うつ病患者の数が増えていると言われています。厚生労働省の調査によると、2014年度のうつ病（躁うつ病なども含む）の全国推計患者数は、111万6000人でした（「患者調査」より）。

さらに、軽度のうつ病も含まれていると思われる「神経症性障害、ストレス関連障害及び身体表現性障害」というカテゴリーでは、72万4000人の患者がいると推計されています。

以上を踏まえると、うつ病に類する病気で医療機関にかかっている患者の数は、大ざっぱに見積もっても180万人を超えていることになります。加えて、うつ病の患者で医療機関を受診しない人は多いと言われているので、実際の患者数は、医療機関を対象にしたこの調査で得た数字よりもさらに多くなっていると思われます。

ちなみに同調査で統合失調症関連の患者数は77万3000人、日本人の死因第1位であるがん（悪性新生物）患者の数は162万6000人です。

では、患者数の推移はどうでしょうか。

厚生労働省が実施している患者調査によれば、日本の気分障害患者数は1996年が43・3万人、1999年には44・1万人とほぼ横ばいですが、2002年は71・1万人、2005年は92・4万人、2008年は104・1万人、2014年は111・6万人と、著しい増加が見てとれるのです（ただし、うつ病は検査の値などで明確に診断できる疾患ではないため、診断基準が少し変わることで患者数に差が出てくることには注意が必要です）。

さらに、次のような研究成果も報告されています。

欧米では、過去12カ月にうつ病を経験した者の割合は1～8％、これまでにうつ病を経験した者の割合は3～16％、これが日本では、過去12カ月にうつ病を経験した者の割合が1～2％、これまでにうつ病を経験した者の割合が3～7％だと言います（川上憲人「世界のうつ病、日本のうつ病―疫学研究の現在」『医学のあゆみ』219(13), 925-929, 2006）。つまり、日本でうつ病になる人の割合は欧米に比べると低いということです。また、うつ病は一般的に女性、若年者に多いとされますが、同書によれば日本では中高年でも頻度が高く、うつ病に対する社会経済的影響が大きいのが日本の特徴だとされています。

欧米に比べればうつ病になる人の割合が低いとはいえ、だいたい2000年以降の日本でうつ病の人の数が非常に増えたことは確かです。うつ病と学習性無力症との親和性が大きいとすれば（それはここまで見てきた通りです）、その事実はすなわち「無気力」状態を呈する人の数が日本では近年に至るほど増えている、ということでもあります。

加えて、中高年でうつ病になる人が多いという事実は、社会人あるいはもっと高齢になっても「無気力」に陥る人が相当数存在している、ということも表すでしょう。

寒さや気候との関係――甲状腺機能と「無気力」

学習性無力症やうつ病の主な症状である「無気力」は、寒さや季節、気温との関係から説明することもできます。「無気力」になる原因はさまざまあり、単純ではない、ということを押さえてほしいと思います。

とくに甲状腺機能に問題がある人では、寒さや気温の影響によって無気力状態を生みやすくなります。甲状腺が分泌しているホルモン（いわゆる甲状腺ホルモン。サイロキシン［T４］とトリヨードサイロニン［T３］）は、筋肉に結びつくことでエネルギー、力になり、新陳代謝を盛んにします。また、このホルモンが脳に行くと脳が活発に働くようになります。

甲状腺機能が低下している人では、寒さの影響で甲状腺ホルモンがうまく分泌されなくなるため、気力がなくなったり、体がだるくなったり、動けなくなったりします。動けなくなればなるほど、甲状腺ホルモンもますます分泌されなくなります。それにより、甲状腺機能が低下している人は寒がりで、むくみやすく、太りやすくなる傾向にあります。

甲状腺の機能を向上させるために効果的なのは、有酸素運動です。ウォーキングよりはジョギングがより効果的です。甲状腺機能が低下している人は、運動すればするほど筋肉が付きやすいという特徴があります。なぜかというと、甲状腺ホルモンは、筋肉と結びつくことでエネルギーになりますが、甲状腺機能が低下している人はこのホルモンが出にくいため、運動をすると普通の人よりも筋肉にかかる負荷が大きくなります。それによって筋肉はダメージを受けやすく、だからこそ再生され、どんどん筋肉が付いていく、というわけです。そうして一度筋肉が付いてしまうと、今度は動きやすくなります。

冬でも歯を食いしばって運動を続け、越冬できると、次の年からはかなり楽になるでしょう。頭の働きも全然違ってきます。その意味で、コンスタントに行なう運動は大切です。運動をすると、「あぁ、本当に楽になれるんだ」と実感し、動けない状態から脱出できます。

カウンセラーから見える世界

ここで、カウンセラーとしての私の立場と、私が行なう療法についてお伝えしておきたいと思います。私は医師ではありませんので、当然ながら、ある症状に診断を下して薬を処方するといったことはまったく行ないません。

あくまで目の前にいるクライエント（患者）さんが何に困っているのかに焦点を当て、その人が困っている状況から脱することに、治療の主眼を置いています。ですから「無気力」に陥って苦しんでいるクライエントさんを目の前にした場合には、その人が「無気力」状態から脱することが治療上の最優先事項となります。

このような立場からすると、「無気力」状態にある人の病名（診断名）は、実際のところ関係なくなります。どういう病名が付くかではなく、どうしたら「無気力」状態を脱することができるか、が問題になるからです。

前項までは、「無気力」状態を少しでも一般的に説明しやすくするため、イメージの湧きやすい学習性無力症とうつ病との類似性にポイントを絞り、科学的・社会的な観点も加えて述べてきました。しかし、あくまで「無気力」という状態に注目するなら、この状態を症状として認める代表的な疾患は、うつ病や学習性無力症以外にも多くあります。

〈症状に「無気力」が認められる主な疾患〉
○統合失調症
○発達障害
○パーキンソン病
○認知症
○薬物依存症
○更年期障害
○脳血管障害（脳梗塞や脳出血など）の後遺症
等々。

先に、学習性無力症の人の脳ではノルアドレナリンやセロトニンが減少していると考えられるものの、なぜ減少するのかはまだ解明されていないこと、それでも治療という点から考えれば、とりあえずその量を増やしてあげるのがよいことを述べました（21ページ『「無気力」な人の脳で不足している神経伝達物質」参照）。

同様にカウンセリングの現場でも、病気のメカニズムや原因が科学的に解明される日が仮に来なくても、目の前のクライエントさんが苦しみから脱出できるほうが大事だ、ということがあります。

さらに私が日常的に行なっている心理学的アプローチは「短期療法」と言って、比較的短時間でクライエントさんの問題解決を図ることを目的とした療法です。

短期療法はもともと、アメリカの精神科医・催眠療法家であるミルトン・エリクソン（1901〜1980）が唱えた理論です。たとえば「無気力」などの問題に対し、クライエントさんが前提にしている特定のコミュニケーションパターンなどに気づいてもらい、それを変えていくことで問題が解決することを目指します。

「無気力」状態は、他人との交流や会話を望む意欲がなくなり、無口で閉じこもった生活を送るようになるケースがあります。こういう生活が長びくと、児童や生徒、学生ならいわゆる不登校になり、社会人なら出社拒否の状態に陥ってしまう可能性が大きくなります。いわゆる「引きこもり」状態を招くことにもなりかねません。倦怠感や気分の落ち込み、不眠によって周囲のすべてのことが億劫に感じられ、生きていることすら辛くなってくる……。無気力を入り口にして危険な状態になりうるということを、ぜひ知ってください。

ですから短期療法家としては、なるべく短い時間で、その人の苦しみを和らげる方法を常に模索するわけです。

「外在化」という考え方

「はじめに」で少し書きましたが、私が行なっている心理療法（短期療法）の中で最も大切な考え方に、「外在化」というものがあります。

外在化とは、クライエントさんに対して、「あなたが苦しんでいる原因は、あなた自身の問題とは別のところにある」と示すことです。そして、外在化とは正反対の考え方が「直面化」です。「あなたがだらしないからこういう問題を起こすんですよ」とか「あなたに根性がないから、〇〇をやめられないのです」とか「どうして、注意されたのに〇〇しちゃうんですか」というように、問題はクライエントさん自身にある、と責めるやり方で、アルコール依存症患者にこの「直面化」の対処法が行なわれていた時代もあります。

対して、あなたを苦しめている問題は、あなたの「外」に「在」ることを示す外在化という方法を採用することで、実際にクライエントさんが自分を責めなくなり、無気力状態になりにくくなります。これを、私のクリニックでは「発作を起こしにくくなる」と呼んでいます。

私が書いているほかの書籍のほとんども、ポイントは外在化にあります。多くの人が、自分の考え方や気の持ちようが変われば、劇的に動けるようになったり、前向きな気持ちになれると思っています。しかし、その判断こそが発作を引き起こす原因となっています。問題は自分の中にはないことを確認してもらうことで、発作のループから抜け出すことが目的になっているのです。

たとえば先ほど甲状腺ホルモンの分泌と無気力の関係を説明しましたが、こうした説明は、外在化という点からも効果を発揮するのです。つまり、無気力の理由が甲状腺ホルモンにあることを知ることで、自分を責めなくなるからです。

特段の理由がなく気分が落ち込んだりイライラしたりして、自分をコントロールできないもどかしさを感じることはありませんか。「セロトニンやノルアドレナリンが足りていないせい」「更年期障害のせい」「気圧の変化のせい」など、気分が変わる構造と理由を知っておけば、訳もわからずに自分の気分に振り回されていたころより気持ちが楽になりますし、予防することも可能です。

本書の中で紹介しているさまざまなバグ撃退法は、心理療法的に言えば外在化を行なうための方法だ、と言えます。そのため、私が提案するやり方の中には、一見「その対処法で本当に効くの？」という方法もありますが、それはその方法を行なうことによって自分や出来事を客観的に見つめ直し「外在化」するためのアプローチなのです。

実際のカウンセリングでは、クライエントさんが前提としているコミュニケーションパターンや状況の枠組みに変化を促すために、催眠療法や暗示療法を用いたりもします。

そうすることで、固執する物の見方を解きほぐし、別の角度から世界に触れる経験をすることで、みずからの状況を広い視野から眺め、柔軟性を取り戻してもらうためです。

同じ「無気力」の状態で苦しんでいる人を目の前にしても、医師とカウンセラーでは採用する方法が違うということは、念頭に置いてほしいと思います。

バグが起きている、という捉え方

「はじめに」で無気力な状態を、コンピュータのバグにたとえましたが、その仕組みについても、コンピュータに置き換えて説明するとわかりやすいかと思います。

コンピュータを起動させているバイナリコード（コンピュータが直接解釈して実行を可能とするプログラムや実行ファイルの形式）は、0・1・0・1……と0と1の2つの数字で成り立っています。コンピュータが、命令された動きを実行するためには、その命令を変換したコード（二進法で表されるコード）が必要です。ところがこの0・1・0・1の二進法の連続にどこかで狂いが生じると、コンピュータが起動しなくなります。

この、コンピュータを起動させている二進法のバイナリコード（0・1・0・1……）は、ヒトに置き換えるとどういうものだと言えるでしょうか。私の相談室ではこれを「快・不快」コードと呼んでいます。

「快」とは自分にとって心地いい、気持ちいい感覚のこと、「不快」とは自分にとって心地悪い、気持ち悪い感覚のことを示します。本能的・直感的に感じる心地よさと心地悪さ、と言ってもいいでしょう。つまり、ヒトは本来、コンピュータのバイナリコードと同じように、心地いいか／悪いかの判断の連続で生きています。その最たる例が野生動物です。野生動物は心地いいと感じたことを行ない、心地悪いと感じたことは行ないません。ヒトも基本的には他の動物と同じ脳構造のため、「快か不快か」を基準に生活するべきなのですが、「快と感じるのに、周りを気にして我慢する」「不快と感じるのに、責任があるからやめられない」など、本来の「快・不快」を捻《ね》じ曲げた行為を続けていると、バグが生じるのです。

そうした本来のコードに狂いを生じさせるバグが起こることで、その人が起動しなくなる状態が、「無気力になる」あるいは「動けなくなる」状態である、と捉えてみましょう。

そうすると、ヒト本来の「快・不快」に狂いを生じさせる正体（バグ）は何か、という観点を持つことができます。さらにその観点を持つことで、「無気力になる」「動けなくなる」原因にアプローチすることができます。もちろん、現時点で医学的に解明されている事柄は活用します。たとえばうつ病を発症させる遺伝子や環境要因、あるいは統合失調症を誘発する特定の遺伝子などで、解明されているものがあれば、その特定の因子が働かないようにすることで症状は改善できるでしょう。

しかし、医学的アプローチが絶対でないことも事実です。ある症状が発症する背景には、遺伝子のみならず環境（生活習慣や食習慣）やホルモンの働きなど、さまざまな要因が絡み合っているため、現在解明されている1つの要素を治療に活用できたとしても、その人に現れている症状が必ずなくなるとは限らないからです。ある病気を発症させる遺伝子を持つ人が必ずその病気になるとは限らないという事実も、医学的見地からの解明・究明が絶対的なものではないことを示しています。

これに対して、カウンセリングだからこそ可能になる、症状へのアプローチがあります。ヒトが「無気力」になる原因としてのバグを考える際にも、カウンセリング的なアプローチは有効です。すなわち「快・不快」コードを狂わせるものにはどういう要素があるのか考え、それをクライエントさんに提示することで、狂っていた「快・不快」コードを修正することができるのです。「快・不快」コードという切り口から、ヒト本来のあり方に改善していくこと、つまり「無気力」状態から脱出することが可能になるのです。

そのように「快・不快」コードを狂わせる正体（バグ）として、どういう要素があるのかと心理学的に考えたときに、大きな要因となるのが、次章以降で述べていく「万能感」「他者からの嫉妬」「脳のネットワーク内で起こるトラブル」です。

次章では、無気力や無力感を作り出す大きな要因である「万能感」とは何か、そのメカニズムについて症例を紹介しながら説明していきます。

第2章
万能感が生む「無気力」

無気力の原因となっている「快・不快」を狂わせる正体（バグ）として、まず自身に問いかけていただきたいのが「万能感」を働かせていないか、ということです。「万能感」とは、端的に言ってしまうと、自分主体の考え方になっていて、すべてを自分の思い通りにさせようとする感覚のことです。万能感を持っている人は物事を自分基準で「ジャッジ」する癖がついています。前章でも述べましたが、「快か不快か」という基準で物事を捉えるのではなく、「快だけど周囲から反感を買うと判断して諦める」「不快だけどいまやめたら努力が無駄になると思って我慢して続ける」など、自分のジャッジで「快・不快」を捻じ曲げてしまい、バグが起きているのです。

しかも自分が「万能感」を持っていることにはなかなか気づけないケースが多いため、余計に事態をややこしくしてしまいます。気づいたときには「無気力」状態に陥っていた、ということになりやすいのです。

では、「無気力」を作り出すバグとなるこの万能感には、どういう特徴があるか、症例をもとに説明します。

万能感とは何か

まず、「動けない」と私のもとに相談に訪れたBさんの例を紹介しましょう。Bさんは、「こうしたほうがいい」と自分が思っている行動が取れず、「何てダメな人間なのだろう」と自分を責めています。最近は会社に行きたくない気持ちが大きくなって焦りを感じている、とも言っていました。

エピソード① 理想形を思い描くほど動けなくなるBさん

たとえば、職場で上司が探している物が自分の目の前にあるとき、「ここにあります」と言って差し出せたら「気が利くな」と好印象を持たれるのだろう、とは思うのです。でも、その行動ができません。動けなくなるのです。また、取引先の偉い人が欲しがっている物を自分が持っている場合、それを贈ったりすればきっと好かれるはずなのに、何となく後回しにして贈りそびれます。ほかにも、先輩にご馳走になった翌朝、お礼のメールを送ったらその後も良い関係が続くとわかっているのですが、そう思えば思うほどメールを書く手が止まります。結局、すごく遅いタイミングで送ることになりました。

そういう、自分にとってプラスになるはずのことをしようとすると、動けなくなります。「こうすれば相手とうまくいく」という理想型はいつも思い浮かぶのですが……。

（45歳、男性）

相談に訪れたときのBさんは、心理学的に言うとまさに「学習性無力症」に陥っている状態でした。どうして動けなくなっているか、原因について思い当たることがない、ということでした。

私がBさんの話を聞いていて気になったのは、「きっと好かれるはずなのに」とか「その後も良い関係が続くとわかっている」といった表現でした。これをしたら「絶対に」うまくいく、「完璧に」なる、とBさん自身が「ジャッジ」して思い込んでしまっているのです。

では、「絶対に」うまくいくであろう行動をBさん自身が躊躇してしまうのはなぜでしょうか。Bさんを動けなくしているバグは、その行動がうまくいかなかった場合、全否定されるという感覚をBさん自身が持っていることと関係しています。

平たく言うと、Bさんは失敗して傷つくことを恐れていると言えますが、その失敗か成功かの基準をみずからのジャッジで作ってしまっているのです。みずからのジャッジで本来備わっている「快・不快」コードを捻じ曲げているためバグが起きているのです。

Bさんは「好かれるはず」「良い関係が続くとわかっている」とジャッジしていますが、これは果たして「絶対に」そうだと言えるのでしょうか？　探し物を渡しても、気が利くと思ってもらえるかはわかりませんし、欲しがっている物を贈ったからといって必ずその人がBさんを好きになってくれるとも限りません。

仮にそれを実行できても期待通りに事は運ばないかもしれないのに、それをしたら「うまくいくはず」とジャッジしてしまう習慣こそ、Bさん自身が身につけている「万能感」です。さらにその「万能感」があることで、「うまくいく」ところの予測がはずれることをとても恐れているのです。自信があればあるほど、はずれたときの怖さがあるとも言えるので、Bさんには強い恐れと同時に強い自信もある、ということになります。

万能感が蓄積されると、不満が増幅する

万能感が働いていると、どんどん自分が偉い人間・仕事ができる人間であるように感じ、たとえば目上の人や偉い相手に対しても、「○○さんは自分の思い通りに動いてくれない」とか「私が望むように優しくしてくれない」という感情が湧きやすくなります。そうして相手の気に入らないところがどんどん目につき、増えていくのです。

万能感が増えるほど他人への不満も蓄積され、相手への怒りの幅も広くなってしまいます。つまり、万能感があればあるほど物事が停滞してうまく進まなくなり、「動けなくなる状況」を招いてしまうのです。

たとえばうつ状態にある人は、自分の万能感でジャッジし続ける癖がついています。カウンセリングに来てくださっても「その方法は私には効かないと思います」など試す前からジャッジしてしまっています。

そして、ここが大事ですが、ジャッジを続けていると、知らず知らずのうちに「不

快」なことばかりをし続けてしまうのです。嫌なことがやめられないループにはまってしまうわけです。だからこそ、「不快」なことをするのをやめれば、やりたいこと、つまり「快」が見えてきます。逆に言うと、「不快」をやめない限り「快」は見えません。うつ状態にあると、万能感に邪魔されて自分が「不快」なことをし続けていることが見えなくなっているため、厄介です。

気づかずに「不快」なことをずっとし続けているので（心底「気持ちいい！」という経験ができなくなっているので）、ジャッジを続けていると、結果的に汚い世界ばかり見てしまうことになります。

ですから、子ども時代から万能感が支配するような環境に置かれた場合、その人は夢が持てなくなっていきます。万能感により自分が神であるかのようになってしまい、「正しい・間違っている」にしろ「良い・悪い」にしろ、結局固定された価値観に影響されて自分の世界の限界が狭まるからです。万能感を持つことで、現実の幅がどんどん狭まり、自分に可能な範囲が小さくなっていくのです。すなわち、万能感があると、世の中のきれいな事象が見えなくなっていきます。本当にみにくい世界、真っ暗で魑《ち》魅魍魎《みもうりょう》の世界が広がっていくわけです。

また、人から見捨てられるかもしれないという不安を持っている人ほど、「自分で何とかしなければ」との思いが強くなり、万能感を持ちやすくなる傾向があります。他人への基本的な信頼感が薄いことで、「自分で何とかしなければ」という思いを持ち、そのことで余計に「動けなくなる」のです。

ヒトの恒常性

少し話は逸れますが、Bさんに「〜はず」という強い自信と、「失敗したらどうしよう」という強い恐れが同時に存在しているということは、矛盾のように感じられます。

これは、ヒトにある「恒常性」と関係しています。肯定的なイメージを持てば持つほど、逆に否定的なイメージも膨らむ、という性質がヒトにはあります。この性質が「恒常性」です。

「恒常性」とは、Bさんのケースで言えば、自身の中のいいイメージ（これをしたらうまくいくだろうというイメージ）が強ければ強いほど、それを引っ張って真ん中に引き戻す力（当てがはずれたときの恐怖）が働くということです。たとえばお酒を飲むと羽目をはずして騒いでしまうものの、騒げば騒ぐほど、次の日にはシュンと落ち込んでおとなしくなってしまったという経験のある人も多いと思います。こういう働きも、ヒトの恒常性によります。

一方に振れる力の大きさが大きいほど、それと同じぶん、反対の方向に振れることで、ちょうど中間に引き戻そうとする力がヒトには働いているのです。

Bさんは、これで「絶対に」うまくいくはずだという思いがしっかりしているぶん、それがはずれた場合、「絶対」や「完璧」とは反対の方向——人生の全否定——に思いが振れてしまうわけです。このような物事の捉え方は、ある意味で極端なものです。しかしBさんは、この「絶対」であること、「完璧」であること、という極端な考えに縛られている、と言えます。

万能感に話を戻すと、Bさん自身が習慣で身につけているこの「絶対」や「完璧」という考えこそ万能感につながっている、と言うことができます。

万能感が無気力を生む仕組み

第1章の終わりで述べたように、ヒトは、本能的に「心地いいか／悪いか」をもとに生きています（「快・不快」コード）。ところが、そのコードを「快・不快」ではなく、「正しい・間違っている」とか「良い・悪い」を基準に入力してしまうと、人間本来のコードとは違うために、データがぶれて故障が生じます。その故障が、いわばバグ（動けなくなってしまう状態・無気力状態）であり、万能感がそのバグを招いているのです。「正しい・間違っている」コードや「良い・悪い」コードとは、起きている出来事に対して自己流の判断を下したりアレンジしたりしてしまうことと同じです。

たとえば、前回のカウンセリングでバグ撃退法をお伝えし、次のカウンセリングでお会いしたときに「あのやり方、自分流にアレンジしてみたのですが、続きませんでした」とおっしゃる方がいました。これも、万能感によるバグが起きています。何から何まで私の言うことを聞いてください、ということではなく、自分の判断でアレンジを加えた時点で「自分のほうが正しい」と万能感が働き、「続けることができない」という無気力状態を招いたのです。

　また、起きている出来事を自己流に判断するということは、本来必要のない意識を働かせている、と言い換えることもできます。普段、「正しい・間違っている」「良い・悪い」の2択で物事を判断する傾向にある人は、たとえば「不快」な現象が起きたとき、「これは自分が悪いから起きたのではないのか」と意識で判断しようとします。自分が何か間違っていたから「不快」な現象が起きたのではないか、という判断を続けていくことで、その人のデータには本来と違うコードが入力されていきます。それでバグを生じ、バグが起きれば、データはそこで止まってしまう、つまり動けなくなってしまいます。

　バグを起こさないためには、次々に起こる事態を意識で判断しようとせず、とにかく自分にとって快か不快かを本能のまま感じ、「これは快」「これは不快」とそのまま受け取ることが重要です。慣れてくると、何事にも「快・不快・快・不快……」と感じたままに流していくようになります。絶えず「快・不快・快・不快……」と感じる状態でとどめ、それ以上の意識を働かせないことです。「間違っている」とか「正しい」などと、自分で判断しないことです。不快と感じたものは避けていいですし、快ばかり感じようとしていいのです。つまり、おいしいと感じるものを食べ、まずいものは避けていい、ということです。

「快・不快・快・不快……」の流れを途中で断ち切って、自分のせいにしたり自分で判断したりするという感覚が、万能感です。心のバグを取り除くには、万能感をなくしていく（捨てていく）ことが大切です。

万能感とホルモン分泌の関係性

万能感によって「快・不快」コードが乱れ、そのことによって無気力になるという状態は、ホルモン分泌の側面から見るとどうなっている状態でしょうか。

「自分で何とかしなければ」などと判断が働く瞬間には、緊張ホルモンであるノルアドレナリンが出ています。そういう状態が続けば、ノルアドレナリンが出すぎることになるので、快を感じさせたり想像力を働かせるドーパミンがうまく分泌されなくなります。

さらに今度は緊張状態を緩和しようとして、セロトニンなどがたくさん分泌されます。セロトニンは不安や恐怖を抑え、精神を安定させ、ネガティブ思考を和らげるホルモンです。ところがセロトニンが一気に分泌されすぎると、先に述べたようにレセプターのほうが増えて、動けなくなる、無気力になる、というメカニズムがあります。

そうして緊張ホルモンが、結果的にドーパミンやセロトニンの分泌を抑えてしまうので、快・不快は感じられにくくなってしまいます。

つまりジャッジすることが習慣化し、万能感を発揮し続けることは、ノルアドレナリンが多く分泌される状態を生み、ホルモンバランスを崩すことになるでしょう。

反対に、快の感覚をよく味わい大事にした生活をしていると、セロトニンの分泌が増大するので、無気力な状態は解消される方向に向かう、というわけです。

「わからない」ことの素晴らしさ

解剖学者の養老孟司さんは、『遺言。』（新潮新書）をはじめとする著書で、次のような趣旨のことを書いています。厳密な意味で、人間に「わかる」ことというのはない。だからたとえば、森に行きなさい、休暇を取って田舎に行き、身体を動かしなさい、そうしたらあなたが「わかる」ものは何もないことに気づくでしょう、そして「わかる」ものは何もないということがいいことなのだ、という内容です。

一度立ち止まってよく考えてみてほしいのですが、いま動けなくなっているという人も、自分が「本当に」動けないかどうかは、実は誰にも「わからない」ことです。たとえば脳内の運動神経を司る部位に腫瘍ができていて実際に脚を動かせないとか、両脚骨折の確定診断がついている、というケースでない限り、身体は動くわけですから。動けるか動けないか、本当は誰も何も「わからない」わけです。

それは、言ってみれば神のみぞ知る世界です。そして本当には誰も「わからない」からこそ、「さぁ、そこから何が出てくるか」という、1つの希望のようなものが次の段階に見えてきます。その「わからない」世界を「自分が悪いのではないか」とか「自分が○○をしたから○○になったのではないか」と意識で判断してしまう感覚こそ、万能感です。「問題の原因が自分にある」と考えることは、かえってとんでもなくおこがましいことだと自覚しましょう。いま自分がこうなっている理由は誰にも「わからない」のに、そこに意味や理由を求めてしまう感覚=万能感は、ヒト本来のバイナリコードを狂わせます。

一昔前に比べれば、都市と田舎の違いは少なくなっています。地方に住んでいても、通信環境や交通事情で困ることがほとんどないほど便利になっています。それでも、地方や田舎は都会のように、駅に行って数分待てば電車が来るような状態ではありません。あれが食べたいと思えば、歩いて行ける距離にあるお店でそれが食べられる都会と違い、田舎ではお店の数も種類も限られるし、移動するにもそれなりの時間と経費がかかります。

そして大事なのは、田舎では自然に囲まれて暮らすことで、自分の思い通りにならないことをより多く経験できることです。その意味で、田舎のほうが都会より万能感に支配されづらい状態でいられます。都会にいればいるほど、自然から離れていくので全部自分で思い通りにできるという錯覚を起こします。反対に、自然に囲まれた暮らしをすることで、おのずと万能感は薄められていくわけです。

万能感、つまり「正しい・間違っている」とか、「良い・悪い」という判断を作り出すのは、意識の世界です。意識の世界が、どんどん「正しい・間違っている」「良い・悪い」という暗示を入れていって悪循環を起こすと、最終的に物事がうまく進まない、動けない状態、無気力を生んでしまいます。

このように動けない状態を招いてしまう「意識的なところ」から解放されることが、万能感をなくすために必要になってきます。「わからない」状態こそ素晴らしいものですし、この状態を経験することが、ヒト本来の「快・不快」コードに戻るためには必要なことなのです。

バグ撃退法――1日1回必ず自分の好きなことをする

さて、ヒト本来のバイナリコードを取り戻すには、この万能感をなくす（あるいは少しでも薄めていく）ことが必要です。

バイナリコードを「正しい・間違っている」から「快・不快」コードに切り替えていくためには、まず自分が本当にしたいことは何か、に注目してみることが大事です。そして、無理せずできてやりやすいことを実際に行なっていきます。まず「快」を感じ「不快」なことを捨てていく、つまり自分が楽にならないと意味がありません。

そこでBさんに、「何をしたら楽しいと感じますか」と尋ねました。すると、

Bさん　私は漫画が好きなんです。
大嶋　いいですね。漫画を読むことは「快」か「不快」かで言うと「快」なんですね。
Bさん　「快」です。
大嶋　それなら、まず、1日1回漫画を読むといいでしょう。
1日1回、時間を決めずに、自分のために「快」と感じることをするのです。そして次の日、漫画を読むことを想像してワクワクするか、「快」を感じるかどうかを確かめ、感じるなら「今日も漫画を読むことにする」、という形でやっていきます。
ルールとしては、「昨日と同じものを実践したらワクワクする」と決めつけないことです。次の日になった時点で「いま」漫画を読みたいかどうか、漫画を読んで「快」かどうかを確かめてから実践します。「こうするのが決まりだから」というように、ルーティンにしてはいけません。
1日1回は必ず、「快」と感じることを行なう。結果的に、同じことをするのが何日続いても構いません。「快」と感じるならやってください。ただ、漫画を読んでいて、たとえば「これで大丈夫かな」という後ろめたさが湧いてきたら、それは「快」ではありません。そうなったら、「では何をしたら快と感じるのだろう」とほかに「快」と感じる事柄を探してください。

Bさん 漫画をたくさん買いすぎて、お金がかかることが気になりそうです。

大嶋 そう感じる場合、お金が減ってでも漫画を読むことに「快」を感じるかどうか、改めて考えてみてください。漫画を読むことが「快」なら、続けてください。

Bさん はい。何だか、そうしていくと、少しずつ日々が楽しくなるような気がします。

大嶋 そうですよね。それから、「快」と感じるものを決めるのは、その日のお昼前にしてください。

Bさん 朝ではなく、ということですか。

大嶋 朝はまだ交感神経がそれほど活発に動いていないので、「決める」という行動をするには向きません。だから昼ご飯を食べる前の、空腹でかつ交感神経もよく動き出したときに、その日の「快」を決めてみてください。

自分にとっての快が何かわかり、不快に感じることをしなくなると、自然とやりたいことに向かって身体が動けるようになっていきます。「前向きに動かなければいけない」とか「○○でなければいけない」と考えるのは万能感によるジャッジです。そういう判断を続けていると、すべての物事は「不快」になっていきます。

万能感を持ちやすい時代

現代は、「自分にわからないものはない」と誰もが感じやすいような世界になっています。わからない事柄や知らないものに出あっても、インターネットを通して検索すれば答えがすぐに出てきます。そういう環境が当たり前になると、「知らないもの」「わからないもの」など自分にはない、と勘違いしやすいのです。その感覚が万能感につながってしまいます。ですから現代は、そうと気づかないうちに万能感を持ちやすく、万能感に支配されやすい時代だと言えます。

さらにいまの世の中は、みなでいろいろなことをお互いに批判し合っている時代でもあります。もちろん、互いが感情的に批判し合う風潮は昔もありました。差別やいじめなどはその端的な例です。不倫した芸能人を叩くという風潮もいまに始まったことではありません。ただ、それが目につきやすくなってきたのが現代です。たとえばＳＮＳなどを通して情報が即座に拡散してしまうため、Twitterが炎上したり、批判や噂、悪口など「万能感」に支配された言葉に、著名人のみならず子どもでも簡単に接することができてしまいます。

そのくらいに、誰もが周囲の批判や評価にさらされる時代です。しかも、個人が挫折したときに支えてくれる社会的な基準（世の中の多くの人が共通して信頼する価値観）が弱くなっている（たとえば会社や組織への信頼度が下がっている）とすれば、あるつまずきを機に無気力やうつの状態に陥る人が増えても不思議はありません。そのような時代に、個人が周囲の批判や評価から我が身を守るためには、万能感をどんどん大きくせざるを得ない側面があるのも実情でしょう。

そうした点が、恐らくいまの時代の特徴だと感じています。

エピソード②　悪口を言われるのが怖くて動けなくなるFさん

次は、まさに周囲からの評価が気になって仕方がなく、そのために行動できない状態に陥っているFさんの例を紹介しましょう。

現在の仕事のプロジェクトで、若手チームのチーフを任されました。同年代の同僚計6人をまとめていかないといけません。ときには強いリーダーシップを発揮しなければ、とも思うのですが、後で何か悪口を言われるのではないかと思うと怖くなって、当たり障りのない対応しかできません。

たとえばAさんの提案には○○という欠点があるなと本心では思っていても、後でAさんに批判されると思うと面倒になって「いいんじゃない？」といった返事をしてしまうのです。決して全員に好かれたいわけではないのですが、ともかく悪口を言われるのが嫌だし、怖いのです。最近はプロジェクトに対するやる気が湧いてこず、何をするにも億劫な状態です。どうしたらこういう状態を脱して、チーフとして自信が持てるようになるでしょうか？

（35歳、男性）

評価や悪口を気にしすぎるあまり、相手との距離をどこまで縮めるべきかわからない、と言って私のもとに相談に来る人は実際に増えています。Fさんの無気力（バグ）も、主に「他人に悪口を言われる恐怖」から生じています。

先に述べたように、現代と違って昔は、人が自分のことをどう思っているかを知る機会が少なかったと言えます。ところがいまは、SNSの存在によって、「誰かの悪口」が毎日大量に書かれ、なおかつ瞬く間に世界中に拡散される時代になりました。

見たいと思っていない人も、見るつもりでなかった人も、こうしたSNSに触れている限り、自然にそうした「誰かの悪口」が目に入ってしまいます。その点でSNSの発達以前と以後では、「誰かの悪口」に触れる環境が激変しています。

そうすると、自分がもし同じような悪口を言われる立場になったらどうしよう、気づいていないだけで、すでにどこかでこんな悪口を言われているのではないか、と考えるようになっても仕方がありません。人が人を否定している様子を見て落ち込まない人はまずいないでしょう。

SNSに触れたり参加しなければこうした恐怖も生まれないわけですが、参加しないと得られない情報があったり、あるグループや仲間に入れないこともあり、不参加を維持するのも難しい状況が生まれています。他人からの悪口を異様に恐れてしまうのは、決してFさんに限った話ではありません。その意味で、他人との距離感が開いてしまうのは仕方のない時代なのだ、とまずは自覚してください。

つまり、他人の評価を気にしすぎているのは自分だけだ、と思う必要はないということです。

バグ撃退法——あえて下世話になる

他人の評価が気になるのは自分だけではない、と自覚したうえで、ヒト本来の「快・不快」コードに立ち戻るにはどうしたらいいのか、ということに注目してみましょう。

このようなバグを起こしてしまう人は、一言で言えば優等生タイプが多いです。「良い子でいなければ」「清く正しく真面目であらねば」「謙虚な人間でいなければいけない」という思いが人一倍強いのです。しかしやはり、「○○であらねば」というのはその人の判断ですから、それが万能感となって、「快・不快」コードを狂わせる結果になります。そうしてFさんも万能感に邪魔されて、「快・不快」コードを見失っているわけです。

それから、Fさんのケースでポイントとなるのは、悪口とは他者による嫉妬から生じている、という点です。悪口を言われるのは、言う側が相手に嫉妬しているからだ、とも言えるのです。他者からの嫉妬というものも、無気力を生む大きなバグになります。詳しくは第3章で述べますが、嫉妬はされる側がする側を気にすれば気にするほど、それだけ多く受けてしまう、という仕組みがあります。

Fさんの場合、悪口を気にすればするほど、どんどん悪口を言われやすくなり、攻撃されやすくなる、ということです。

万能感を減らし、悪口を言われる事態を回避するための方法を、以下に紹介しましょう。

Fさんに「何のために仕事をしていますか?」と尋ねたところ、「会社で認められるためです」という答えでした。

いわば模範解答であり、理想的な答えと言えるかもしれません。しかしやはり真面目で高尚すぎます。高尚であればあるほど、周囲の嫉妬（悪口）を受けやすくなります。

ですから、「何のために仕事をしていますか？」と尋ねられたら、たとえば「お金のためです」「都内に億ションを買いたいからです」「出世してモテるためです」などと下世《げ》話《せわ》な答えを返せるようになればいいのです。

ポイントは、「あえて」下世話になる、ということです。下世話になることは、本来のバイナリコードである「快・不快」コードに近づくことです。だからこの方法を勧めるわけですが、ここに「あえて」という言葉を付けるのがポイントです。

万能感の強い人は、「清く正しい子でいないと親に見捨てられる」「はしたないことを言ったら親に受け入れられない」というように、見捨てられる不安がもともと強かった人に多い傾向があります。そういう人は、私がたんに「下世話になりましょう」と言ったとしても、「本当は下世話でない自分が下世話なふりをするのは、自分に嘘をつくことだ」と、（ここでも万能感を働かせて）生真面目に捉えてしまい、私が勧めた通りのことを実践しなくなる可能性があります。

そこで、「あえて」という言葉を付けることにより、「カウンセラーの先生に勧められて、『あえて』下世話になるのだ」「これは1つの戦略として行なっているのだ」と感じるようになります。したがってこれは嘘をつく行為ではない、と思えるわけです。みずから「嘘をついている」と感じると「それは間違ったことだ」という判断が働き（万能感が発揮され）周囲に受け入れられなくなる、という恐怖が生じます。ところが、「あえて」下世話な目標を作るということなら、それを実践することで周囲に受け入れられなくなるという恐れが和らぐわけです。

下世話な目標を設定し、実践していくと、「快・不快」コードに近づけるだけでなく、周囲が悪口を言おうとする（嫉妬する）対象からもどんどんはずれていくでしょう。

自信のなさへの対処法① 自分を評価してくれた人の見方を思い出す

他人の評価を気にせざるを得ない時代だということと関連して、最近は「自分に自信が持てません」と言って相談に訪れる人が多くなっています。

Fさんのように無気力状態に陥るほどではなくても、「自己評価がとても低いのですが、どうすればいいですか」という悩みを抱える人は多く、先日私のところへ来たクライエントさんは「ともかく自信が持てなくて、自分のことが嫌いになりそう」と言っていました。

このような人が「自信のなさ」から抜け出す1つの方法としては、自分を一番評価してくれる人の、自分に対する見方を思い出す、ということがあります。

まず、自分の周囲にいる人全員が、自分を低く評価しているわけではない、ということを思い出してください。自分を評価してくれる人もいるわけです。仮にいま、自分を評価してくれる人など一人もいない、と感じている人でも、過去には評価してくれた人が必ずいたはずです。その人から「私はどういうふうに見えているか（いたか）」を基準にして、自分を眺め直すのです。

その人から見た自分はどういうふうに見えているかを思い出し、そこに浸ってみる、というのが1つの方法です。そうすることで、自己評価は上がります。

万能感が強い人だと、本当に自分の評価が低いかどうかはわからない状態でも、「私の評価は低い」とみずから判断し、決めてしまうケースもあります。

たとえばクライエントのKさんは、某企業に最初契約社員として入社しました。周りは全員正社員で、「私はまだ誰にも評価されていない」イコール「私の評価は低い」と思っていました。そうして正社員になるまでは会社で発言したり、笑ったり、冗談を言ったりしてはいけないと思っていたそうです。つまり、「あいつは契約社員のくせに調子に乗っている」という悪口を言われるのを恐れて仏頂面で仕事をしていたのです。

その状態が苦しくなり、私のもとを訪れたのですが、私はKさんにまず「その仏頂面の状態で、自分を好いてくれる友だちに接したらどうなりますか」と尋ねました。

Kさんがいまの苦しさから抜け出すには、自分を好いてくれる友だち――つまり自分を評価している人――が、Kさんの仏頂面を続ける状態に対してどう反応するかをイメージしてみるのが1つの方法なのです。

自分を好きな友だちに対しても、職場と同じ態度で接すると、相手はどういうふうに思うでしょうか。おそらく、暗いあなたに対して「一緒にいても楽しくない」と思い、疎遠になっていく未来が予想できるのではないでしょうか。

要するにKさんは、仏頂面で笑わないでいるほうが職場に適応できる、と間違った認知をしているわけです。そういうときは、同じ認知の仕方を自分の好きな人たちにも適用したらどうなるかをシミュレーションすることで、自分の間違えていた認知は自動的に解消されていきます。

言われてみれば「何だ、そんな方法か」と拍子抜けされてしまうかもしれませんが、原因を客観視する方法として非常にお勧めです。シミュレーションして確かめるだけで、認知の間違い、エラーは解消されるということです。ちなみにKさんは、その後契約社員から正社員になりました。

自信のなさへの対処法②　いまある自信を膨らます

無気力状態までいかないものの、手っ取り早く座ったままで、すぐに自信を持ちたいときにお勧めしている方法は「いまある自信を膨らませるイメージを持つこと」です。

現在生きているすべての局面・すべての人間関係において自信がない、という人はまずいません。少なかったとしても、どこかに自信が持てる要素、分野はあるはずです。

とても小さくてもいいので、その自信を膨らませるイメージを持つのです。

まず目を閉じて、自分がいま持っている自信はどれぐらいの大きさなのか、自分で確認してみてください。

それがイメージできたら、それを自分の中で膨らませていきます。イメージの中でどんどん膨らませていきます。もっと、もっと、もっと……という感じで膨らませていったとき、どんな気分になっているか確認してみてください。

おそらくは、何とも言えない不思議な気分、どちらかと言うと楽しい気分が生じているると思います。その不思議で楽しい気分を感じている自分が、自信のある自分です。その気分を忘れないでいることが大切です。

これは暗示療法の一種です。何かを具体的にイメージすることを繰り返すことで、少しだけでも気持ちに余裕が生まれるでしょう。何か嫌なことがあったら、その気分・感覚を思い出してください。イメージが膨らんだときの不思議で楽しい気分を要所要所で思い出すと、それが自信という認識に条件づけされていきます。

私自身も万能感にとらわれていた

万能感については、実は私自身もまったくの他人事ではありません。

かつては私自身、意識を使って考え続けていなければ、奈落の底に落ちて死んでしまう、というような恐怖感を持っていました。ですから、常に先々のことを考え判断をし続けているような状態でした。常に意識的なので、他人と話をしていても「自分のほうが物事を深く考えている」という自負があり、「相手よりも自分のほうが優れている」という優越感もあったのです。

いっぽうで、ちょっとした相手の表情から「自分は嫌われている」とか、「自分は相手に受け入れられない」などと判断を下してしまい、「常に深く考えてしまう自分は他人と違っていて、誰からも受け入れられない」というジレンマを抱えていました。

当時の私には、「考えない」でいることなど、あり得ませんでした。「考えなくなってしまったら、一般の人と同じことになってしまう！」と思っていたのですから。

物事を深く考えない人には魅力を感じられないけれど、深く考えても誰からも受け入れられないのは困る、という葛藤が私の中に常にありました。それだけでなく、人よりも物事を深くたくさん考えているはずなのに、何一つ人よりも優れたものがない、という最悪な現実がそこにはありました。自分はものすごく優れた才能を持っているはずなのに、現実的には何もできない。現実には何もできないから、さらに何かを成し遂げるために、頭の中で考え続けなければならない……。

そして考えれば考えるほど、何かをやる前から疲れてしまう。さらに、何かを成し遂げる計画や野望はたくさんあるのに、考えているとすべて自分が失敗するイメージしか浮かんでこなくなり、今度は失敗が怖くなって何もできなくなる。

現実的には何も成し遂げられていないので、世間からは馬鹿にされている（これも判断が先行するために浮かんでくる否定的な思考です）。でも、自分を馬鹿にしている世間の人たちの話を聞いていると、やはりみにくい馬鹿に思えてしまう（常に私のほうが考えていますから）……。このような思考のループにはまっていたのです。

そうしているうちに、私は自分のことを「何もできない不遇の天才」と思うようになりました。誰からも認められないけれど、自分は常に素晴らしい考えを持っている。でも、何もできないのだと（ものすごく強いダブルバインドがかかった万能感です！）。

ところが、現代催眠療法のお師匠さんに出会い、これまでの信念とは逆の、「考えないこと」＝〝無意識〟を使うことが生きるうえでのカギだと知ってしまいました。それほどに〝無意識〟が発揮する力は強大なものです。〝無意識〟を使うことこそ、ヒト本来のバイナリコードである「快・不快」コードを大事にして生きる――つまり万能感を捨てる――ことにつながることを体感したのです（〝無意識〟が持つ力については拙著『無意識さんに任せればうまくいく』〈ＰＨＰ文庫〉を参照）。

こうして私自身、それまでの自分の生き方を180度転換させてしまったのです。

万能感という「発作」

ところで私は、万能感は1つの「発作」だと思っています。発作とは、脳の電気信号が異常を起こしてしまうことです。万能感を発揮する――みずから判断し続ける――ことでも、脳の電気信号は異常を起こしてしまうのです。

そして発作は、一度起きてそのループに巻き込まれると、自分ではコントロールはできないため、連続して起こるようになり、癖になっていくのです。万能感という発作も、一度とらわれるとなかなか抜け出せず、癖になってしまいます。ただし、そうすると、万能感をなくすにはその発作を止めることができればいい、ということになります。

私は長くアルコール依存症の人の治療に当たってきましたが、たとえばアルコール依存症の人の場合では、お酒を飲むことが発作を起こす引き金になります。そして発作が起こると脳の電気信号が異常をきたすために、記憶をなくしてしまいます（ブラックアウト）。そうして発作により人格まで変わります――たとえば暴力的な人格になったり、破壊的な人格になります。飲む量がコントロールできなくなるので、酒を飲む↓くだを巻く↓暴れる、というパターンになることがまま見られます。

どうして人格が変わるかというと、異常を起こした脳の電気信号が海馬を刺激することで、記憶が瞬時に変わってしまうからです。要するに、いまの記憶ではなく過去の記憶に戻ってしまったり、子ども返りしたりするのです。

発作というのは誰もが起こす可能性を持っており、またさまざまな発作があり、発作を起こす引き金（条件付け）も人によって違います。たとえば痴漢行為で発作を起こす人もいます。痴漢をしてしまう人というのは、電車の中で女の人を触ってしまったらどうしようと不安な想定をすることが引き金になって発作が起き、実際に女の人に触ってしまう、ということになります。発作で後先のことが考えられなくなるのですが、それは瞬時に記憶が飛ぶからです。

同じように、小児の姿を見ることで発作を起こす人（小児性愛者）、ギャンブルをすることで発作を起こす人（ギャンブル依存症の人）、買い物をすることで発作を起こす人（買い物依存症の人）……などがいる、ということです。

ですから、問題行動を起こした人が「本当に、自分はやっていません」と訴えるのは、ある意味で嘘ではないのです。自分がしている感覚がまったくなくなることが本当にあるからです。

発作の可能性は誰にでもあるわけですが、必ずしも誰もがみな発作を起こすわけではありません。スイッチが入るか入らないかで、発作が起きるか否かが決まるからです。つまりスイッチさえ入らなければ、発作は起きません。そのスイッチは、ストレスや睡眠不足、不摂生（コーヒー、アルコールを大量に飲むなど）が要因になって入りやすくなる、という面もあります。

快・不快原則の観点から発作について説明することもできます。つまり快・不快原則に従って、普段から不快なことはしない、楽しいことをするということができていないと、いま挙げたさまざまな発作が起こりやすい、ということです。発作とまでは言えませんが、たとえば貧乏ゆすりやチック症といったものも、ストレスやプレッシャーがかかったときに出やすくなります。このことを踏まえてもらえれば、発作が起こりやすいのはどういうときか、理解しやすくなるのではないかと思います。

発作を起こす側の立場に立って考えたときに大事なのは、まずは発作であることを自覚して、自分を責めないことです。自分を責めることは、発作を連発させる引き金になるからです。アルコール依存症の治療でも、自分を責めないことが治療の始まりになります。責めれば責めるほど連続発作を起こしていくからです。ですから自分は無力で(責められる対象ではなく)、自分でコントロールはできないのだという地点に立ち返ることが、最初の大事なポイントです。

たとえば過呼吸発作においても同様です。過呼吸発作を起こしている人に「大丈夫?大丈夫?」と声をかけると、かえって発作のループに巻き込んでどんどん症状がひどくなり、繰り返し過呼吸発作を起こすようになります(ハイパーベンチレーション)。ですから治療では、家族の人に、過呼吸発作を起こしている人がたとえ倒れても、一切触らないようにしてもらいます（これを「発作またぎ」と言います）。そうすることで、発作は実際に止んでいくのです。

発作を起こしている人を見たら、「発作またぎ」をすること——とにかく触らないこと——が何より大事になるわけです。何らかの対処をしようと思ったらアウトです。対処してしまったら、発作がどんどん大きくなるからです。

「自分で何とかしよう」が発作の引き金に

万能感という発作についても、まったく同じことが言えます。「自分はいま、万能感という発作を起こしているな」と思っても、それを自分で何とかしようとか、何か対処しなければ、と思ったらアウトです。努力して何かをしようとしなくていいのです。

「万能感の発作を起こしているな」と思っても、ただそれを自覚するだけで十分です。自分に対しても、自分で「発作またぎ」（放っておく）を行なうのがいいでしょう。

スティーブン・スピルバーグ監督の映画に『レイダース／失われたアーク《聖櫃》』があります（『インディ・ジョーンズ シリーズ』の第1作）。「失われたアーク」とはモーセの十戒が書かれた石板を納めた「聖櫃・契約の箱」のことで、神の象徴です。この物語は、まさに「発作またぎ」の重要さを教えてくれてもいます。

イスラエルの12部族のうち、レビという1つの部族しかこの箱に触ってはいけないことになっていて、ほかの人が触れると死ぬ、と契約には書かれています。その契約の箱が、インディの敵（ナチス側の考古学者）に奪われてしまいます。箱は奪われるものの、運搬している最中に荷台から落ちそうになり、敵の1人が「危ないっ」と言って思わず触ってしまいます。そのために、予言通りにみな死んでしまうわけです。箱は神の象徴ですから、何をしても落ちるわけがありません。それを「危ないっ」と勝手に判断して触ってしまうことで滅びるのです。契約の箱（神）を人間の力で変えようとしたために撃たれて死んだのだ、という話です。

「危ないっ」「落ちる！」という判断こそ、万能感を表しています。ですから、落ちると思っても決して触れないことが、「万能感またぎ」になり、結果的に発作を止めることにつながります。

自分の万能感に気づいても、「自分が何とかしなければ」などと思わず、ただただ、流して（またいで）いってください。そうしているうちにだんだん、すべての事象は自分が回しているのではなく、事象のほうが自分を回していることが見えてきます。そして万能感があることで見えなかった、世の中のきれいな事象が見えてきます。

発作のもとにある孤独

先に、スイッチが入らなければ発作は起きない、さらにスイッチが入る要因としてはストレスや睡眠不足、不摂生がある、と述べました。このことを心理学的に説明すると、発作のもとには「孤独感」があります。

ストレスのもとをただしていくと、結局は孤独感にたどり着く、とも言えます。また、孤独感があることで睡眠不足や不摂生を招いている、とも言えるからです。つまり「孤立する」「孤独を感じる」ことが発作の一番のカギになっている、ということです。

たとえば、自動車を運転中に割り込みをされたことで発作（この場合はヒステリー発作、平たく言うと「キレる」こと）を起こす人がいます。この発作は、要するに「自分が無下《むげ》に扱われている、自分が馬鹿にされている」という感覚が引き金になっています。

みんなから馬鹿にされるという孤独感が発作を起こすわけです。

たとえば、孤独に関係したトラウマを持っている人だと、そのトラウマによって発作を起こしやすくなります。「いじめ」とは、四面楚歌で味方や仲間が1人もいない、孤独を味わう体験ですが、たとえば割り込み運転をされた人が過去にいじめを受けていた場合、いじめの体験がない人よりも割り込み運転に過敏に反応し、より大きな発作を起こすことがあります。少しでも過去のトラウマに似たような体験があると、それが孤独と結びつくため、キレるという形で発作を起こしやすくなるのです。

ほかに、飲食店で隣の人が急にたばこを吸い始めたことでキレる人などもいます。ご飯を食べている自分を完全に無視された、という孤独感が発作（キレる）の原因です。そのように考えていくと、何が人の孤独感を招くかは、本当にわからないところがあります。

このような発作を起こさないようにするために大事なのは、みんな孤独だということを感じることです。自分だけが無下に扱われていたり、馬鹿にされていると思わないことです。自分だけでなく、みなが孤独なのだということが腑に落ちれば、発作は起きないでしょう。

言ってみれば、他人のことを気にせずたばこを吸う人も、発作を起こしている、と言えるのです。自分の孤独感によって周りが見えなくなっているからです。Fさんのエピソードのところで、悪口を言われるのは言う側が相手に嫉妬しているからだ、と述べましたが（71ページ「バグ撃退法――あえて下世話になる」参照）、結局は孤独感があるために相手に嫉妬し悪口を言うのだ、と言うことができます。それならば孤独に気づいてあげることで、相手は発作を起こさなくなります。脳に近い場所にある眼球は、顔の中では、脳で起きた発作を最も受け取りやすい器官です。相手の目の奥にある孤独をこちらが見つめれば、嫉妬の発作は打ち消されていくでしょう。つまり誰かがその孤独を受け取ってあげることで、孤独はフィードバックされて打ち消されていくのです。

結局、自分が考えている「無気力の原因」が、実際の原因からかけ離れている――帰属エラーを起こす――ことで、発作は起きます。帰属エラーをバグと言い換えてもいいのですが、これがわかれば――いまのエピソードで言えば原因は「孤独」であることが腑に落ちれば――発作は止まります。

他人に話さないことも重要

万能感の話に戻しましょう。万能感をなくすためには、「快・不快」の感覚を流して連続させていくことが大切ですが、そのとき「自分で判断しないこと」以外にも注意すべきことがあります。

「快」の感覚でも「不快」の感覚でも、それを他人に話さないことです。他人にそれを言うことがなぜいけないかと言うと、他人の「快・不快」と自分の「快・不快」は違うからです。

自分がコツコツとためてきた「快・不快」のデータは、自分だけのものです。そのオリジナルデータを他人に託してしまったら、当然、歪んでしまうのです。

たとえば、ある人が上司にものすごい嫌味を言われたとします。その人は大きな「不快」を感じました。しかしその「不快」も、その人の1つのデータとしては大切なものです。ところがそれを友だちに話したら、友だちにとっては「快」だったりするのです。「人の不幸は蜜の味」だからです。

友だちに話した時点で、その人にとって大切なデータは歪んでしまう、ということです。友だちにとっては「快」となるわけですから、その人の「不快」は友だちには理解されません。理解されないことによって、その人の「不快」がどんどん続くことになります。そしてデータはますます歪んでいく、というわけです。

「快」でも「不快」でも、人にとって無駄なデータは何一つありません。ただしそれを他人に託してしまう――友だちに話してしまう――と、歪みが生じ、無駄なデータになってしまうのです。

バグが消えると見える美しい風景とは？

知らず知らずのうちに私たちの世界を狭め、見える風景をみにくいものにしてしまう万能感は、それを持っていることに気づきにくいため、本当に厄介です。このような万能感をなくすには、たとえば、本書で提示された撃退法をジャッジすることなく言葉通りに実践することが重要です。とりあえず、出された課題や実践方法をアレンジすることなくやってみることです。

本書のような性質の本では、書かれてある通りにまずは実践してみて、それで自分がどう変わっていくかをモニターすることが、とても大切なのです。「うまくいくか・いかないか」という心持ちではなく、ひとまず課題が示した通りに身を処して、それで自分がどう変化していくのかをチェックするのです。何らかの変化は起きるわけですから、その変化を冷静に眺めてください。

たとえば、人から提示されたものや課題に対して、「これを実践したらどうなるのだろう?」という好奇心は、当然持ってもいいのですが、すぐに判断を下すのは避けたほうがいいのです。すぐに何らかの判断を下すことで万能感がいっそう増幅し、精神的なアップダウンも激しくなります。そして「自分で何とかしなければ」という思いが募ると、それは最も危険だからです。勧められたものに対して、それが不快でなければ、アレンジすることなくとりあえずやってみることです。一定期間——最低でも数カ月間——は我が身を観察して経過を見る必要があります。

言われたことを忠実に行ない、ある程度のあいだ、それをコツコツと続ける必要があります。コツコツ続けていったとき、「あっ」と思わされる、自分が予測していないような事態が、ある日起こることがあります。そういう「あっ」という瞬間を発見していくことがとても大切です。こういう毎日を続けていくことが、意識的なところから解放され、万能感を捨てていくことにつながります。

たとえば「運を天に任せる」という言葉がありますが、「快・不快」コードで生きていくことは、運を任せることとは逆の捉え方です。逆とはどういうことかというと、「快・不快」コードは、運を何かに任せなくても、すでにいまここにある状態が素晴らしいと気づけるコードだ、ということです。ですから、万能感というバグが消えていくと「すべて時にかなって美しい」風景が見えてきます。

その意味で、「運が良かった」とか「運が悪かった」という言い方にも、1つのジャッジが含まれています。運が「良かった」と、自分で判断し決めつけていることになるわけですから。自分で判断することを続けていくと、本来のバイナリコードがやはりずれて、歪んでいきます。

「快・不快・快・不快……」を感じ、それを流していくことで見えてくる風景とは、実は「私」のために用意されている風景です。判断を差し挟まずに、コツコツと我が身を経過観察し、ある日心にストンと落とし込まれた風景は、その人にとっての全データになっていきます。それはその人にしかわからないデータだからこそ、その風景によって「私」は何のために生きているのか、ということも見えてくるのです。

そういう、判断を差し挟まない状態を続けたうえで見えてくる風景は、本当にきれいな風景です。それこそが、バグのない世界です。バグがなくなったとき、そこには本当の自分にとっての世界が用意されている、というわけです。その意味で、本来、世界は「私」のためにある、「私」のために用意されている、と言えます。

バグのない世界は、慈愛、希望に満ちあふれています。その世界は万能感に支配された世界とは対極に位置する、と言っていいでしょう。「神のみぞ知る」世界をわかってしまったら、その人は神になってしまいます。それこそ万能感の世界ですが、まずは自分が神になって汚い世界ばかり見るのをやめましょう、ということです。

私がほかの著書の中でよくメタファーを使ったり、聖書の中にある物語を使って説明しようとするのも、読者の方たちがなるべく万能感を持たないようになること――判断を働かせないようにすること――を狙っている、と言えます。

言葉で論理的に「Aが○○すると、Bが○○して、Cがこうくるから、Dという結果になる」と説明することで、読む人の論理的思考は鍛えられるかもしれません。もちろん、ビジネスの場面や学校のような場所ではとくに、論理的思考とそれに則った発言が求められることが多くあるでしょう。ただ、論理的思考一辺倒になることは、みずから判断する癖がつくことにつながります。万能感というバグを取り除くためには、「快・不快・快・不快……」が連続する世界に近づくことが大事ですから、いったん論理的思考から離れてもらうのが何より効果的なのです。メタファーや物語は、論理では受け取りにくい世界であり、ただ感じることで受け止めるしかないような世界です。それを受け止める側が「快・不快・快・不快……」が連続する世界に近づきやすくなる伝え方が、メタファーや物語なのです。

第3章

嫉妬攻撃による「無気力」

「無気力」状態を作り出してしまう大きな要素のうち、2つめに紹介するのは「他者からの嫉妬」です。

この章で説明する嫉妬は、自分が他者に対していだく嫉妬ではなく、主に他者が自分に対していだく嫉妬を指しています。ただ、多くの人は、自分が特定の人に嫉妬していることには気づいても、自分が他者から嫉妬を受けているという自覚が少ないはずです。自己評価が低い人ならなおさらです。ましてやその嫉妬が自分の「無気力」の原因になっていると思うことはないのではないでしょうか。「何もやる気が起きない原因が誰かからの嫉妬と関係しているって、どういうこと?」と感じる人が多いはずです。カウンセリングを行なっても、そこを理解していただくのにとても時間を要します。

人は、知らず知らずのうちに他者から嫉妬を受けることによって、その人自身の「快・不快」コードに狂いを生じさせてしまう場合があります。結果的に、他者からの嫉妬攻撃が「無気力」を生んでしまうのです。

まずは、人と人は脳同士でつながっていることを示す、「ミラーニューロン」の話から始めましょう。

ミラーニューロン説が明らかにする脳の性質

たとえば、緊張している人の近くに行くと、「あぁ、この人はいま緊張しているな」とわかる経験をすることがあるのではないでしょうか。隣にいる人が緊張していると、その人の緊張が自分にも伝染してしまいます。それは、相手の脳から緊張の電気信号が伝わってきて、自分の脳が自動的にその人の脳を真似てしまうからだ、というのがミラーニューロン説による考え方です。

【ミラーニューロン：1996年に、イタリアの科学者によって「脳は注目した相手の脳の状態を真似する」ことが発見されました。ある特定の神経細胞が、相手の脳内と同じような電気反応を自分の脳内でも起こそうとする現象です。ミラーニューロン説によれば、自分とはまったく関係ない他人の感情にも、人は感染してしまいます。】

ミラーニューロンに関係する書籍もそれなりに刊行されているものの、発見以来、研究が目覚ましく進んでいる、という状況には至っていません。サルが相手を目で観察していることによって、相手の脳の状態を真似するのが可能になるのだろうというところまでは実験によって明らかにされており、ある人の脳内の状態を近くの人に感染するのも同じような原理によるのではないか、とされています。

ただ、私たちの日常の感覚に照らせば、相手が緊張していることを仮に目で観察しなくても、その人の緊張は伝わってくる、と思われます。

会議中、誰かがイライラしていると、誰がイライラしているかわからなくても部屋の中がイライラした空気で満たされるような経験を思い出せば、頷いてもらえるのではないでしょうか。伝わるのは、その人を目で注目しているからとは限りません。ですから観察や注目とは関係なく、自動的に相手（対象）を真似してしまう性質が脳にはあるのではないか、と私は考えています（私以外にもこのように考えている研究者は多くいます）。

しかし、これは現在の科学で証明できる領域の事柄ではありませんが、サルの実験から明らかなように、動物の脳同士がつながっている、ということは確かです。人間関係において、嫉妬攻撃が実際に力を持つことを述べるこの章ではとくに、右の事実を念頭に置いて読み進めていただきたいと思います。

上司の嫉妬攻撃により、動けなくなるAさん

嫉妬という感情は厄介なものです。逃れたくても逃れられず、しかも持っていること自体に気づけないケースも多いからです。嫉妬はトラブルの思いがけない原因となったり、「無気力」状態を作ったりもしてしまうのです。

まずはAさんの事例を紹介しましょう。

エピソード③ 上司から受ける電気ショックで固まっていた

職場に、嫌いな上司が1人います。その上司にチェックしてもらう必要のあるプレゼン資料があると、作らなければいけないことはわかっていても無気力になってしまいます。プレゼン資料は、締切直前に何とか仕上げることができたのですが、会社に行くのがだんだん億劫になっています。「行かなきゃ」と思い、奮い立たせてようやく出勤している自分が嫌で嫌で仕方がありません。自分がどんどん「動け

なくなっている」と感じています。（40歳、女性）

Aさんは、嫌いな上司がいることで本来のパフォーマンスを仕事で発揮できなくなり、無気力になっていました。最近はいっそう、「そんな自分はなんてダメなのだろう」と、その上司ではなく自分を責める方向に傾いていて、心身の不調を訴えて私のもとを訪れたのです。

「その上司のどんなところが嫌いですか？」と聞くと、「スネ夫みたいなところです」と答えます。ご存じの方も多いでしょうが、「スネ夫」とは大人気漫画『ドラえもん』に登場する、強者にはへりくだり弱者に対しては嫌味を言っていじめたりするいけ好かないキャラクターです。

「つまり、意地悪ということ？」

「意地悪ですし、ずるいんです。たとえば1カ月かけて準備してきた部下の資料を横取りして、手柄を取っちゃうとか。いつも自分より強い人のほうを向いていて、まったく尊敬できません。なるべくスネ夫と関わらないようにはしていますが、いま同じプロジェクトに取り組んでいるので付き合わないわけにもいかず……。私を傷つけるようなことを、〝わざと〟言っていることもわかるんですが、言われると、それでまた3〜4日間は無気力になります」

Aさん自身にとっては気づきにくいことでもあるのですが、Aさんが動けなくなっている原因は、実は上司スネ夫による「嫉妬」にあります。Aさんの例は、とてもわかりやすい「嫉妬によって起こるバグ」を表しています。相手からの嫉妬が、Aさん本来の「快・不快」コードを狂わせている、とも言えます。

ところが、これを伝えたときのAさんの反応は「え?」だけです。表情すべてで、「意味がよくわかりません」と私に訴えていました。

Aさんは、スネ夫が嫌いであることは自覚しています。そしてスネ夫さえいなければ本来のパフォーマンスが発揮できるのに、とも考えています。ただ、無気力になって仕事が手につかないのは、あくまで自分の「心の弱さ」が原因だと思っています。スネ夫の嫉妬による攻撃が無気力の直接の原因だなどとは思いもよらないのです。

Aさんは「無気力になるのは自分がダメだからだ」と結論づけています（万能感の働きも見て取れます）。ただ、このように考えるのは決してAさんに限らず、よくあることです。自分が無気力になっている原因が相手の嫉妬にあるという考え方は、普通はしないからです。

Aさんは実は、スネ夫から責められている事柄をみずから再現することで無気力状態になっています。「スネ夫から責められている事柄をみずから再現する」とは、第1章で心理学者マーティン・セリグマンによる実験を引用して述べた「学習性無力症」の説明を思い出せば、どういうことかわかっていただけるはずです。

つまり学習性無力症とは、努力を続けても期待する成果が得られない経験・状況が長びく結果、何をしても無意味だ、無駄だと感じるようになり、「無気力」になることです。

ケージの中の犬に電気ショックを与えた実験を通して、無気力・無力感は学習されるものだ、すなわち「お前はダメだ」という電流を流され続けると、その「ダメ」さをみずから再現するようになる――本当にダメになる――と説明しました。

Aさんがケージの中の犬だとすると、スネ夫による嫉妬がケージを流れる電流です。嫉妬というのは、自分よりも低いと思っている存在が自分より優れたものを持っていると感じるときに起こる感情です。「Aさんは自分より下だ」と思い込んでいるスネ夫は、そのAさんに自分より優れた能力があるのを察知したことで、嫉妬の発作を起こしたわけです。その結果、電流を放出してしまう（Aさんに嫌味を言ったり、無視したり、Aさんの企画をボツにしたりする）わけです。

Aさんは知らず知らずのうちにスネ夫からの電流を受け止め、それをみずから再現し、スネ夫になりかわって自分を責め、動けなくなっていたのです。この「自分はダメだ」「自分が嫌いだ」と思うこと自体が、スネ夫の嫉妬発作に巻き込まれていることを示しています。Aさんは、「スネ夫は嫌な奴だ」ということと「自分はダメな人間だ」ということが、別の問題だと思い、延々と悩み続け、ついには動けなくなっていました。ところが、前者と後者は別々に起きているのではなく、根っこでつながっているのです。

相手から受ける嫉妬は、学習性無力症を引き起こす

Aさんに起きている無気力は、心理学的に言うと、スネ夫の嫉妬攻撃で引き起こされる「学習性無力症」ということになります。

上司の嫉妬が無気力の原因であるということは、Aさんにとっては意外だったわけですが、スネ夫の嫉妬攻撃がAさんの脳内にバグを生じさせ、Aさんを動けなくしているのです。

Aさんが、本来のパフォーマンスが発揮できなくなる↓自分を責めるという一連の流れの背後には、スネ夫による嫉妬攻撃があります。スネ夫の嫉妬が原因となって「快・不快」コードに狂いが生じ、Aさんにバグが生じているのです。

自分を嫌いになった現状のAさんが、「私なんか、私なんか」と自分を卑下していると、ますますスネ夫が望む通りの――スネ夫よりも弱く、能力のない――Aさんになっていきます。Aさんにはそれこそ「自己卑下癖」のようなものが身についてしまい、その癖が実際の言動にも表れるようになっていく、というわけです。

嫉妬を恐れ、嫉妬を避けようとする行為自体が、嫉妬を意識していることになり、そ

れがAさんの「快・不快」コードの狂いをより大きくしていくからです。

嫉妬とは発作である

第2章で、万能感も1つの「発作」である、という言い方をしました（81ページ「万能感という『発作』」参照）。

さまざまなハラスメントというものも、同じ理屈によって「発作」の現れだ、と捉えることができます。

たとえばAさんに対するスネ夫のように、上司が部下に嫌なことを言ったりしたりするのは、嫉妬が引き金となって発作を起こしている、と説明することができます。「女のくせに！」とか「俺より優れたものを持って偉そうに！」という感情から発作を起こし、相手を低い位置に落とすために意地悪をしたり暴言を吐いたりしてしまうわけです。嫉妬で発作が起き、自覚もないまま相手が傷つくことを言ったりしたりしてしまうのです。

ほかにも、自覚されづらいけれどよくあるケースが、夫婦間の嫉妬による発作です。

たとえば妻に「○○を捨てておいてね」と言われた夫が、その○○を捨てない、というような場合は、夫に「受動攻撃」という発作が起きています。この例は妻のほうが夫より能力が高いと夫が感じ、夫が妻に嫉妬する（夫自身は気づいていないことが多い）ことによって起きます（妻に頼まれたことに限って夫はやらない）。受動攻撃の発作を起こす男性は、一見すごく優しい男性が多いので、周りからは夫が妻に対してそういう攻撃をしていることが理解されにくくなります。それによって妻のほうは、怒りでよけいに心身が蝕まれ苦しくなっていく、という経過が見られます。

スネ夫の発作を鎮めるには

では、どのようにして発作を鎮めていったらいいでしょうか。

まず大前提として、他者からの嫉妬を受けている可能性があると認めることです。いま動けない・無気力な状態なのは、自分の心が弱いから、自分が怠けものだからだと考えるのではなく原因が外にある可能性を考えることです。自己評価が低いと、なかなか「こんな私に嫉妬なんかしない」と判断してしまうかもしれません。ただ、そこで停滞するのではなく、自分の判断の外に出てみることも大切です。

それができたら、「誰から嫉妬を受けているか」ということも考えてみましょう。自分を責めることをやめ、冷静に周りを見渡してみると意外な人が出てくるかもしれません。

嫉妬のメカニズムを説明すると、嫉妬とは自分よりも劣ると思っている存在が自分より優れたものを持っていると感じるときに起こる発作です。だからスネ夫がAさんに嫉妬するということは、スネ夫がAさんを自分より劣った存在だと見なしていることを意味しています。そのスネ夫の嫉妬をAさんが恐れ、避けようとする行為は、スネ夫よりも弱く劣った存在であることを、Aさん自身が認めることを意味しています。

つまり現状では、嫉妬する強者（スネ夫）／嫉妬される弱者（Aさん）という関係性が出来上がっています。この関係性がAさんの「快・不快」コードを乱し、脳にバグを起こしているわけですから、この関係性を変えてしまえれば、バグを取り除くことができます。嫉妬する強者／嫉妬される弱者という関係性を無に帰してしまうのです。

関係性を変えるとは、具体的には、Aさんがスネ夫よりも強く優れた存在になることです。Aさんが心から「自分はスネ夫よりも強く優れた存在だ」と思う（思える）ことでも、嫉妬する強者／嫉妬される弱者という関係性は変えられます。自分が相手より優れていると気づくことで、それまでの強者／弱者という関係性自体が消滅するので、結果的にAさんがスネ夫から嫉妬の電流を受けることはなくなり、バグも取り除かれるというわけです。

極端なことを言えば、Aさんが職場で周囲の誰もが認める業績を出してスピード出世をし、スネ夫より高い地位を得てしまえば、強者＝スネ夫／弱者＝Aさんの関係性は逆転しますから、その時点でスネ夫はAさんに嫉妬しなくなるでしょう。ただ、この想定は現実離れしています。Aさんが将来、本当に出世することになるとしても、現在上司であるスネ夫の地位を追い抜くには、最短でも数年かかるのが実情だからです。その数年のあいだに、いま抱えているバグがAさんの心身に悪影響を与えてしまったら、元も子もありません。

ですから本書では、私が日々のカウンセリングで行なっているのと同様に、誰でも無理なく今日から始められる、より現実的なバグ撃退法①〜④をご紹介します（後述）。

電気ショックには電気ショックで対抗

バグ撃退法①〜④の紹介を始める前に、1つ別の観点から、発作を鎮めるとはどういうことかについて考えてみましょう。

たとえばアルコール依存症の症状も発作の1つで、発作でお酒を飲んでしまう依存症者が実際に記憶をなくす（ブラックアウト）ことは先にも述べました。酒を飲み記憶をなくすこと自体が、発作が起きている証拠です。

そういうアルコール依存症の人たちに対し、かつて治療者は医学用語で言う「直面化」をする必要がありました（42ページ「『外在化』という考え方」参照）。「直面化」とは、発作を起こしたままだと記憶がなく、言葉も何も通じないため、発作を解くために行なっていた方法です。直面化のために、アルコール依存症の人に対して、かつては「何でやめないんだ、酒を！」などと怒鳴る治療をすることさえあったのです。怒鳴るのは倫理的に問題があるということで、現在こうした治療はできないはずです。ところが昔の治療では、発作を止めるためにそういうことも行なっていたのです。それは、電気ショックには電気ショックで応える、という1つの理にかなった治療法でもあるのです。発作を解くためのいわゆるショック療法だと言えます。

疾患ではありませんが、ほかにもたとえば、子どもの度を超したわがままに対して、ときには大声で叱らなければいけないというのも、同じ理屈で説明できます。どういうメカニズムかというと、もともと発作を起こしやすい存在である子どもに対して、カウンター（発作と同程度の衝撃）を与えることで、子どもの発作を鎮める、ということです。子どもの電気ショック（発作）を収束させるために、怒鳴るという電気ショックで対抗する、つまり発作をもって発作を制するわけです。

こちらが嫌だなと思うことに対して、相手が1を出してきたら、こちらも1を出す、相手が5を出してきたら、こちらも5を出すことで帳消しにする、相殺するという方法です。たとえば、子どもが発揮したわがままと同程度のわがままを母親も言って見せたりしても、効果があるでしょう。相手にされたことを我慢して受け入れたり黙ったりせず、カウンターで打ち消す形です。

極端ではありますが、この方法をAさんとスネ夫のエピソードに応用させることもできます。説明してきたように、嫉妬の発作は弱者だと見なしている相手に対して起こるわけですから、逆にAさんがスネ夫よりも強者になれば発作は収まる、という理屈です。たとえば、Aさんがスネ夫に対し一方的に、「やめてください！」といきなり怒鳴りつけたとしたら、その衝撃が嫉妬攻撃へのカウンターとなって、スネ夫の発作は起きなくなる可能性があります。

ここで発散されるべき怒りは、論理的な思考を詰めていった末の怒り、ということではありません。もっと動物的な怒り、それこそ「快・不快」コードに基づいた怒りの発散です。

発作はやはり動物的な現象なので、明らかに自分のほうが強いという動物的な強さを見せることで、相手とあくまでも動物的な戦いをしなければいけません。それは身体の小さい女性が身体の大きい男性に対して行なうことも可能です。声を使って相手を威嚇する、威圧することなどができるからです。むしろ身体の小さな女性が大声で怒鳴るほうが、ギャップを感じさせ、相手に脅威を与えられるかもしれません。

ただ、繰り返しますが、これは極端な方法です。相手への直接のアプローチは、うまくいく確率がどれくらいか、ともなうリスク（部署を変えさせられる、会社をクビになる等々）はどれくらいかを計算しなければいけないのでハードルが高くなります。そういうことを踏まえると、この場合は怒鳴る方法は現実的ではありません。ここでは、発作の仕組みから導き出せる、相手を封じ込める方法にはそういうものもあることを頭に入れておいていただければ、と思います。

バグ撃退法①——スネ夫の弱点を見つける

ここからは、リスクが最小で、相手の出方を計算せずに済むバグ撃退法①〜④を紹介していきます。自分にとってもピンとくる方法があったら、まずは試してみましょう。

大嶋　いま、スネ夫の姿を思い浮かべてください。スネ夫をイメージしたとき、スネ夫の身体で弱点というのは、どこらへんにありますか？　怪獣だって妖怪だって、弱点はあるわけです。だから、Aさんが納得できるスネ夫の弱点ポイントを自分の中で作ってみてください。どのへんに弱点ポイントがありますか。

Aさん　うーん、膝ですね。

大嶋　そうしたら、自分の注目をスネ夫の膝に持っていってください。どうですか、スネ夫から受ける脅威は上がりました？　下がりました？　それとも変わりませんか？

Aさん　膝にフォーカスしているぶん、スネ夫の全体が見えないので、脅威や不快感は薄れていると思います。

大嶋　少し薄れたんですね。ほかに弱点を探すとしたら、どこでしょう？

Aさん　頭です。

大嶋　頭のどこですか。

Aさん　眉間です。

大嶋　はい。ではその1点に注目して、集中してください。どうなりますか。

Aさん　撃ち抜きたくなります。

大嶋　そんな感じですよね。わかりました。では今度から、スネ夫と会うときやスネ夫の姿が思い浮かんだときは、その、スネ夫の弱点である眉間に注目するようにしてください。そうすると、Aさんの不快感は消えていきますよ。

Aさんがスネ夫よりも強く優れた存在であることに気づくために、「スネ夫の弱点を見つける」というのが、最初に紹介する方法です。スネ夫に物理的な弱点があること自体、Aさんはいつも嫉妬攻撃を受けるばかりの弱者ではなく、その気になればいつでも強者になれるのだということに気づかせてくれます。Aさん自身がそれに気づくことが大事なのです。

弱点と言ってもいろいろありますが、相手の身体的特徴から探していくのがわかりやすいでしょう。前ページで再現したAさんと私とのやり取りを、「弱点の見つけ方」の参考にしてください。ポイントとして、まずはスネ夫に相対したとき、Aさんがスネ夫より優位に立てる場所はどこかを探すことです。

優位に立てると知ることで、嫉妬のケージから抜け出る

人は、「○○さんが嫌だ」と思っていると、その人の前では伏し目がちになったり視線をキョロキョロ動かしたりしてしまうものです。するとよけいに、その人に対して自

分が弱くなっていきます。ケージの中の犬のように、嫉妬の電流を受け続けると卑下する癖がつき、最終的には何も抵抗を示せなくなっていきます。ところが「ここが相手の弱点だ」と感じる場所を見ている限り、自分のほうが上の立場に立てます。

イメージの中で、嫌な人（苦手な人）の弱点に注目して、「あっ、ここでは自分が優位に立ったな」と感じられたら、そこを見続けることで弱者ではない立場に自分を置くことができます。相手の弱点だと感じる場所を見ている限り、自分はその人に対して強者になるのです。強者になることによって、結果的に相手の嫉妬を受けなくなります。

相手にも弱点があると気づくこと自体が、自分は強者であることを表します。相手を破壊できるような、相手に致命傷を与えられる場所（身体的特徴など）を探すことで、自分が本当に優位に立てると自覚することが、この「バグ撃退法」のポイントです。

ただし気をつけないといけないのは、この方法は「嫌いな人」の撃退法ではなく、「自分を無気力にする人」の撃退法だということです。無気力というバグを起こさせる人は、必ずしも自分が嫌いな人とは限らないので、この方法を「嫌いな人」を撃退する方法だとは受け取らないでください。

バグ撃退法②——スネ夫を完全無視する＝自分が大人になる

第2章ですでに述べたように、「発作またぎ」はたいへん有効です。対処しようとすることがかえって連続発作を招くのですから、まずは発作を「またぐ」、つまり放っておくことは何をおいても大事なことです。嫉妬発作についても同様で、Aさんがみずから「自分はダメだ」と思えば思うほどスネ夫の嫉妬発作に巻き込まれていきます。ですから、この関係を断ち切るには、嫉妬に対処しないこと、つまり相手からの嫉妬を無視して放置することができれば、嫉妬の連続発作を止めることが可能になるわけです。

相手を放っておくという方法は、大人の方法だと言うこともできます。

Aさんが大人になってしまえば、強者＝スネ夫／弱者＝Aさんの構図が崩れますから、Aさんはスネ夫との「嫉妬する／される」関係性から降りることができます。

Aさんが大人になって、スネ夫を完全に無視してしまえば、嫉妬発作の電流を流しても相手にされないため、スネ夫にとって大きなダメージとなります。そのダメージを受けることでスネ夫の嫉妬はしぼんでいくわけです。

たとえば、子どもを相手に親が本気で怒り続けると、親の怒りはどんどん増幅していきます。すると子どもはますます面白がって、大人が怒るような行為をし続けるものです。犬の躾《しつけ》でも同様です。吠える犬に「ダメでしょ！　吠えちゃ」と叱れば叱るほど、犬はもっとうるさく吠えたて、吠え癖もひどくなっていきます。この場合、犬が吠え始めたら別の場所に移動し、犬を完全無視する躾の方法が一般的に勧奨されています。

Aさんがスネ夫を嫌だと思いながら相手にすることは、親が子どもや犬に対して本気で怒り続けるようなもの、つまりスネ夫を構ってあげているわけです。しかし、相手にすることで両者の脳はつながってしまうわけですから、相手にするのをやめる＝完全無視が、「嫉妬する／される」関係性から降りることを可能にします。

子どもがどう反応しようと大人が無視していると、大人を怒らせる子どもの動きは止まります。犬にしても、吠えているときは無視し、吠えなかったら「よし、よし」と触ってあげると、吠えなくなります。

Aさんがスネ夫との「嫉妬する／される」関係性のリングから降りてしまえば、スネ夫はたった1人でボクシングをしているようなもので、闘志が失せ、発作がなくなっていくわけです。

自分は大人で相手は子どもだ、という感覚を持つことで、Aさんはスネ夫に対して弱者ではなくなるでしょう。相手の嫉妬攻撃に悩む人がこうした視線で2人の関係を俯瞰《ふかん》して眺めることができれば、その時点ですでに、2人の関係が変化していることに気づくはずです。

「努力して」無視する必要はない

ただ、この方法を実践するときに、気を付けてほしいことがあります。この方法をAさんに伝えたところ、Aさんは「スネ夫のことを考えないように努力します」と答えました。考えないよう「努力して」しまう人は、Aさんだけではないと思います（万能感があると、「自分がなんとかしなきゃ」という意識が働き、よけいに努力をしてしまいます）。しかし、この「努力する」が、すでにスネ夫を相手にしてしまっているのだ、ということに注意してください。「努力して」考えないようにすると、頭の中ではスネ夫を相手にしているのと同じ状態になってしまうからです。

要するに、「努力して」考えないことでスネ夫を相手にし、さらには調子づかせてしまいます。ですから「スネ夫のことなんて考えてやらない」という気持ちで、何があっても完全無視してください。そうすることが、スネ夫にとって大きな痛手になります。

しかし、それが難しいという人は、先に①の方法を試すことをお勧めします。Aさんは実際、完全無視の方法を伝えたとき、こう答えました。「頭の中でスネ夫への怒りが止まらなくなって、スネ夫に対する罵倒の文章がスラスラ出てくることがあります。その文章がずっとエンドレスリピートして、何も手につかないこともあります。だから完全無視は、いまの私には難しいかもしれません」と。

それほど、Aさんはスネ夫の嫉妬発作の電流に巻き込まれているということです。しかも、Aさんが怒れば怒るほど、それはスネ夫に伝わってしまうのです。するとかえってスネ夫は怒りを増幅させ、両者の関係はいっそう沈滞します。発作で生じる電流は、本当に発電機のように周囲にエネルギーを発散しまくります。

バグ撃退法③――ブラックホールを作る

Aさんのように「努力して」忘れようとしてしまう人、「完全無視などできません」

という人にお勧めできる方法がもう1つあります。これは暗示療法にあたりますが、自分の中に「ブラックホールを作る」ことです。

自分の中に黒い渦を作るような感じをイメージしてください。身体の胸の辺りに黒い渦があって、そこにありとあらゆるものが吸い込まれていくイメージを持つのです。

注意してほしいのは、そのブラックホールは嫌なもの・悪いもの・ネガティブなものだけを吸い込む渦ではない、ということです。そこにある「現象すべて」を吸い込む渦というイメージです。

嫌なもの（たとえばスネ夫の暴言）だけを吸い込んでくれる渦をイメージすると、知らないうちに、嫌なものとクリーンなものを腑分《ふわ》けすることになります。そこに意識的な価値判断が入ってしまうのです。そうすると嫌なものから逃れようという意識が生まれます（たとえばスネ夫の暴言を忘れよう、忘れよう、と過剰に意識してかえってとらわれてしまうのです）。そういう意識があればあるほど、嫌なものが発する電流に再び巻き込まれることになります。

そうではなく、良いものも悪いものも、曖昧なものも、すべてを吸い込むブラックホールを自分に用意するのが、固着（執着）から離れる有効な手段となるわけです。

ブラックホールは、カオス（混沌）です。価値や意図に関係なく、ただそこにある現象がすべて吸い込まれていく渦です。その渦が自分の身体の中にあるのですから、嫉妬発作による電流が飛んできても、すべてはそのブラックホールが吸い込んでくれます。自分であえて「何かをしよう」と思う必要はありません。

バグ撃退法④——他人を通じてスネ夫を攻撃する＝褒め殺し

嫉妬する強者（スネ夫）／嫉妬される弱者（Aさん）という関係を変えるためには、スネ夫を心地いい状態に持っていくことも大切な方法の1つです。スネ夫がいまの仕事・生活に満足感を持つことで、Aさんに対して自分が強者であると示す必要がなくなるからです。スネ夫が心に余裕を持った状態を保てれば、自然と、Aさんへの嫉妬は収まっていくでしょう。

ただし、Aさん自身が直接スネ夫におべんちゃらを言うのは、見え透いていて効果がありません。これまでスネ夫を尊敬したことのないAさんが急にスネ夫を褒め始めたら、さすがに不自然に感じるでしょうし、かえってスネ夫を刺激してしまいます。だからこそ、他人を通じてスネ夫に揺さぶりをかけるのです。その具体的方法が、褒め殺しです。人を通して「スネ夫って、最近すごいよね」とか「やっぱりスネ夫って男らしいね」といった形で、スネ夫に聞こえるように他人に囁《ささや》いてもらうのです。嬉しくなったスネ夫は満足感を得て、Aさんを嫉妬するどころではなくなるでしょう。

同じ観点から考えたとき、よく言われる上司への「ホウレンソウ（報告・連絡・相談）」というのは、とても理にかなったルールだと気づきます。

上司にまめに報告・連絡・相談することとは、「あなたのおかげでこんなに仕事がうまくいっています」とアピールする効果があるのです。いわば上司を持ち上げることに似ていて、上司は良い気分になりますから、その部下に嫉妬することもないでしょう。逆に、嫌いな上司には、どんどん報告・連絡・相談をしなくなってしまうものです。そうするとますます、上司にとってその部下が嫉妬の対象になってしまうということです。

嫉妬発作に気づくだけで状況は変わる

バグ（無気力）という観点から見ると、発作の影響をこうむる人だけがバグを起こすわけではありません。たとえば嫉妬発作を起こしている当人が、特定の人に対して嫉妬している状態がバグとなって動けなくなることもあります（Aさんとスネ夫の例では、「無気力」になっているのはAさんでしたが、ケースによってはスネ夫が自分の嫉妬心にやられて「無気力」になることもある、ということです）。

ただ、こういう場合、当人が「自分は○○さんに嫉妬している」と自覚することができれば、バグは徐々に取り除かれていきます。

嫉妬とは動物的反応ですから、「どうして嫉妬をしてしまうのだ」と考えてください。自分を責めても意味はないのです。繰り返しますが、嫉妬とは、自分よりも下だと思っている相手が、自分より優れたものを持っていると感じることで起こります。ここから逆算して考えると、「自分のほうが相手よりも優れている」と思うことができれば、嫉妬をする必要がなくなります。

ですから、改めて、自分が相手より優れた存在であることを自覚することで、嫉妬発作から抜け出ることができます。嫉妬していると気づくことができれば、十分に「相手

より も優れた存在だ」と言えます。つまり、嫉妬していることを自覚できさえすれば、発作は収まるというわけです。

ポイントは、自分が嫉妬していると気づくことにありますが、なかなか気づけないこんなケースもあります。

遊んでいた子どもが、親に「宿題をしなさい」と言われ、「いまやろうと思ってたのに」と言い返して宿題をやらなくなり、親が頭を悩ませるケースです。

この場合、気づきにくいことではありますが、嫉妬しているのは親です。「自分は家事などいろいろとしなければいけないことがあるのに、どうしてこの子だけ自由に遊んでいるのよ、ずるい」という形で、子どもに対して親の嫉妬の発作、電気ショックが与えられます。子どもが自由に遊んでいることに対して親が嫉妬してしまうわけです（自分よりも下である子どもが、優れたもの＝自由を手に入れていることに嫉妬するのです）。

子どもは親の電気ショックを与えられることで無気力になり、動けなくなるわけです。それでいっそう、勉強をしなくなっていきます。親が真面目であればあるほど、こういうことが起きます。

なぜ、緊張の高い家庭で子どもが動けなくなり、結果的に勉強をしなくなるかというと、それは親の嫉妬の発作が大きいからだ、とも言えます。親が真面目で不自由さを抱えていると、より自由な存在であることで子どもは嫉妬されてしまうのです。それで子どもは、かえって何もできなくなっていきます。

ただこういう場合でも、親が「あっ、自分はいま子どもに嫉妬しているんだな」と気づき、自覚することができれば、状況は変わっていきます。

子どもへの嫉妬の感情が親自身の中にあるのだと自覚できれば、まず、子どもに「宿題をやりなさい」と言う前に、自分がこういう声をかけようとしているのも嫉妬からだ、ということに気がつきます。自分が自由ではないから嫉妬して、こうやって子どもを叱ろうとしているのだ、と。

それに気づくと、「宿題をしなさい」という言葉自体を発しなくなるでしょう。そうすると、子どもは電気ショックを受けた状態にならないので、自主的に宿題を行なうかもしれません。

やはり「気づく」ことが、とても重要です。

嫉妬の電気ショックに言葉は関係ない

親に「宿題をしなさい」と言われた子どもがバグを起こすと言うのなら、違う言葉をかけることによって子どもは電気ショックを受け取らずに済むのでは？　と考える人もいるかもしれません。

ところが、嫉妬の電気ショックが相手に伝わるか、伝わらないかについては、言葉は関係ありません。親に生じている嫉妬の電気ショックは、言葉を発する前にすでに発生していて、それが脳のネットワークを通して子どもに伝わるからです。嫉妬という感情が生まれた時点で電気ショックは起きているのです。

動物的に言うと「条件付け」です。親がそうした嫉妬の電気ショックを発すると、それに条件付けられて子どもは「やられる」という形になるわけです。仮に、目の前に親がおらず、部屋に子どもが1人でいても、親がそういう電気ショックを発すると、それが脳のネットワークによって伝わるため、子どもは動けなくなってしまいます。

子どもが自由になろうとすると、そのことが脳のネットワークを介して、たとえ離れていても親に伝わり、親からは「ずるい」という形で嫉妬の攻撃が返って来るわけです。

目で見なくても、親は子どもが自由になろうとしていることがわかります。

断ち切れない人間関係にも脳のネットワークが関係

肉親や、深い付き合いのある相手との関係を清算したいと考えているのにどうしても断ち切ることができない、という人はたくさんいます。

たとえば、いま不倫をしている女性が、相手の妻にも関係を知られているので男性と関係を断ち切りたいとか、兄弟にお金をたかられている男性が、関係を断ち切りたいのにどうしても断ち切れない、というようなケースです。

このようなケースでも、嫉妬発作があると気づくことや脳のネットワークについて知ることは、その後の展開を大きく変えるのに役立ちます。

不倫をしている女性が、男性との関係を清算したいのにできないというのは、やはり嫉妬の発作が大きな原因として介在しています。ただ、それに気づくか気づかないかによって未来も大きく違ってきます。不倫女性が動けなくなる（関係を清算したくてもできなくなる）原因は、ほぼ100％、男性の妻からの嫉妬によります。

不倫男性が相手の女性に、ちらっとでも妻の話や家の話をすると、不倫女性は男性の妻に対して、したくなくても嫉妬をしてしまいます。その嫉妬発作によって動けなくなるのは男性の妻になりますが、前述した通り、特定の人に対して嫉妬している状態がバグとなって不倫女性が動けなくなる場合もあります。

脳のネットワークという観点から見ると、不倫は、気づかれる／気づかれないというたぐいの出来事ではなく、すでに脳のほうがキャッチしてしまう出来事なのです。よく言われる「女性の勘」というのが、そのことを表しています。脳のネットワークレベルでは不倫女性、不倫男性、その妻の3人はつながっているため、「気づかれない」ということはあり得ないことになります。

この場合、嫉妬し合うのは女性2人ですが、その2人のストレートな憎しみ・嫉妬の泥仕合となり、そこから動けなくなるわけです。関係を断ち切りたいのに断ち切れなくなるのには、こうした嫉妬の応酬が関係しています。

兄弟からお金をたかられているのに関係を断ち切れないという男性のケースも同じように説明できます。兄弟から自分に対する嫉妬の電流が送られてくることで、動けなくなるのです。お金をたかられるような場合は、自分は兄弟よりもお金を持っているわけですから、弟からすれば「兄貴はずるい」と思うわけです。その嫉妬の攻撃を受けることで、自分が動けなくなり、関係を断ち切れなくなるということです。

ただ、こういう嫉妬の構造と脳のネットワークの存在を知っておくことで、電気ショックに巻き込まれても、本書で紹介しているような具体的な脱出方法を探っていけるようになります。

相手からの執着（嫉妬）から離れる方法①
「人は、自分がしていることをわかっていない」と言う

ときには恋愛感情が、相手を発作に巻き込みバグを生じさせることもあります。わかりやすい例が、ストーカーです。

ストーカー行為を受けた側が「快・不快」コードを乱されて脳内にバグを生じ、心身に不調をきたすわけです。

こういう場合、ストーカーをする側は、相手を尊敬しているのではなく執着している、

ということになります。尊敬していれば、相手とのあいだに適切な距離が取れるので、相手を苦しめることはないからです。しかし尊敬ではなく、どこかで相手を下に見て、自分の傘下に置きたいと考えているため、ほとんど嫉妬と同じ電流を飛ばしてしまうことになるのです。愛情は愛情でも、どこかで裏返ってしまっているのです。だから思いを受ける側は「気持ち悪い」とか「嫌だ」といったネガティブなものとして受け取ることになります。

その意味で、尊敬の念を含まない恋愛感情は、嫉妬と同じだと言うことができます。相手からの執着を受け取るということでは、嫉妬も恋愛も同じなのです。

この仕組みを知るか、知らないかで、恋愛はまったく違ってきます。いま幸せだというカップルでも、この仕組みを知っておくことで、将来起こる可能性のあるトラブルを避けることができるでしょう。

さらに、相手からの執着を受けているとき、その固着から離れるための方法、固着を受けないようにするための方法をご紹介します。

それは、「人は、自分がしていることをわかっていない」と理解することです。このフレーズを口に出して言うことをお勧めします。

イエス・キリストが十字架にかけられたとき、自らに手を下そうとしているユダヤ人に対して「彼らは自分たちが何をしているかわかっていないのです」と言いました。ストーカー行為は、イエスに手を下そうとした人の行為と同じだ、ということです。結局、執着している相手は発作を起こしているので、自分が何をしているかわかっていない、ということです。それを自分で言葉にするのです。

相手が意図して行なっている行為だと、こちらもそれに反応してしまうのですが、相手にその意図がないのだとわかれば、自分は相手の執着を受けなくていいことになります。相手の行為に意図がないことを示すのが「人は、自分がしていることをわかっていない」という言葉です。

相手からの執着（嫉妬）から離れる方法② 友人に相談しない

とくに女性に多いのですが、悩み事があると即座に同性の友人に相談する、という人がいます。

ただ、どういう悩み事であれ「何でも友人に相談しないと気が済まない」という人は注意してください。相手がいくら仲の良い友人でも——いや仲の良い友人だからこそ、執着（嫉妬）の電流を送ってよこすからです。

相談している人にとっては真剣な悩みかもしれませんが、相談される相手にとって、その悩み事自体や、悩むことができる状況にあること自体が嫉妬の対象になったりする場合があります（たとえば、結婚や転職の相談など）。

第2章で、万能感を減らしていくためには他人には話さないほうがいい、と述べましたが（90ページ「他人に話さないことも重要」参照）、これは嫉妬というものの性質を考慮した場合にも当てはまるのです。

たとえば、友人に言われた何気ない一言が心に刺さって動けなくなったり、会話中の一瞬の表情に傷つけられた、という経験のある人がいると思います。こういう場合は、その友人の言葉が図星だから、あるいは的を射た反応だから「動けなくなった」り、「傷つけられ」るのではなく、友人から嫉妬の電気ショックを受けるからそうなるのだ、と考えたほうがいいでしょう。

相談すればするほど、相手は親身になって、優しくアドバイスしてくれているように思えますが、そこには嫉妬が介在してくるのです。そのため、相談することで、その場では気が晴れたように感じても、後でかえって動けなくなったりします。

愚痴をこぼせばこぼすほど、相手の執着（嫉妬）を誘発してしまうので、愚痴をこぼす行為イコールその人自身のバグとなってしまうからです。

動けなくなった経験のある人は、「この人は本当に自分のことをわかってくれている」と思えるような友人に対してこそ、相談するのをやめたほうがいいのです。相談をやめることで、ほぼ間違いなく動きやすくなります。

こう書いても「いいえ、あの友人にだけは話さずにいられません。話さないことで溜まるストレスのほうが心配です」と感じる人もいるでしょう。しかし、そういう相手であっても、あなたはただ悩み事を「言わされているだけ」の場合があるのです。ある意味で「いけにえ」にされているのです。

そういう人は、「友人断ち」、「友人への愚痴断ち」をしてみてください。そして経過観察をするのです。

おそらく、友人に相談しない限り、愚痴そのものが消えていくはずです。「あふれるほどあって言わずにいられない」と思っていた愚痴も、相談をやめることで、実は生まれてこないものだと気づくはずです。

以前「線維筋痛症」という診断がついた人のカウンセリングをしたことがあります。「線維筋痛症」とは、全身が激しく痛む疾患で、その人も痛みが止まらない状態で私のもとを訪ねてきました。私たちカウンセラーが治療することで、普通は多少でも痛みが緩和するはずなのですが、その人は痛みが止まらず、症状がますます悪化していきました。

おかしいと感じ、その人に「もしかして、誰か友人に相談していませんか？　その人に愚痴をこぼしたりしていませんか？」と尋ねました。すると「はい。3人の友人に相談して、愚痴もこぼしています」と言います。それで、3人すべての友人への相談と愚痴をやめてもらいました。そうしたら、その人は痛みがなくなりました。

痛みも、友人の嫉妬の攻撃により起こっていたということです。痛みがあるということは、それだけで弱者になります。弱者だからこそ、嫉妬の攻撃は向かいやすくなるわけです。嫉妬は動物的な発作なので、友人であっても発作は止められないものなのです。その意味で友人に悪意や意図はないのですが、だからこそ、嫉妬を受けないためにも友人への相談や愚痴はやめたほうがいいのです。

エピソード④ 男性更年期障害と診断されて以来「無気力」が続くGさん

職場や家庭で悩みや不満を抱えていたわけではないのですが、58歳のころ、それまで経験したことのないような全身の倦怠感を覚えて、病院に行きました。こういうことは初めてだったので、ウェブで自分の症状を一生懸命調べてから病院に行き、医師にもいろいろと相談しました。ところが、行く病院、行く病院で検査をしても、身体に特別異常はない、原因はわからない、と言われるだけでした。

2～3カ月ほどこういう状況が続き、体調も回復しないので、「あと1軒だけ」と思って出かけた病院で「男性更年期障害」との診断を受けました。処方された薬を飲んで翌日から良くなったということはありませんが、ともかく診断を受けたことで、安心はしました。年齢から考えてもこういう病名が付くのはもっともだと納得したのです。ところがしばらくすると、またうつ傾向が強まり、職場でも帰宅してからも何もやる気が出ません。家では、手持無沙汰で始めたパソコンのゲームにはまってしまい、ゲームしかしないような日常になってしまいました。それ以来、妻にもたいへんな心配をかけて申し訳ないと思いながら、「無気力」状態が現在まで続いています。

（61歳、男性）

万能感を肥大させやすい環境

Gさんが動けなくなっている原因としては、3つのことが考えられます。

1つめは、万能感が関係しています。ある程度の年齢になり、ある程度の地位に就いてしまうと、何から何まで自分で判断し続ける状況に対して、周囲から文句を言われたり批判されなくて済むようになってきます。このことが、Gさんの無気力と関係しています。

第2章で述べたように、万能感をなくすには、判断し続けるループから抜け出す必要があります。

それが、Gさんのようにそれなりの年齢でそれなりの地位を得た人というのは、大きな悩みや不満を抱えていない状態であればあるほど、かえって万能感を働かせやすい境遇・環境に置かれてしまうわけです。自分の判断で物事に対処することに対して、家でも職場でも誰かから批判・非難される機会がきわめて少ないからです。そうすると、万能感はどんどん肥大していってしまうのです。

Gさん自身はほとんど気づいていない状態ですが、万能感が肥大することで、ますます「無気力」になってしまいます。そうするともう、「快・不快・快・不快……」と感じる状態を流していくことで見えてくる風景など、何も見えなくなってきます。

妻による嫉妬と医師による嫉妬

2つめに考えられる原因が、嫉妬です。しかもGさんは、妻による嫉妬と医師による嫉妬の、ダブル攻撃を受けている可能性が大きいと言えます。

妻が非常に心配していた時期があった、とGさんは言いました。しかしこの「心配」という言葉には注意が必要です。「心配」は、嫉妬を打ち消すために使われる言葉でもあるからです。心配するという行為も、実は優しさからではなく、嫉妬から起こることがままあるのです。よく母親が子どもに「あなたのことが心配なのよ！」と言って、子どもがしたいことをやめさせようとすることがあります。このとき、「心配」が嫉妬を打ち消すためのものでなく本来の意味での「心配」だったら、子どもは母親の言葉に素直に従います。ところが心配を装っていても実は嫉妬の感情が入っている場合、子どもは察知して、母親の言葉には従えないようになります。「嫉妬発作に気づくだけで状況は変わる」（124ページ）の項目で、遊んでいた子どもが親に「宿題をしなさい」と言われても宿題をしないケースはまさに、親が心配を装って言葉を発しても実は嫉妬があることに、脳のネットワークレベルで子どもが気づいていることを示しています（162ページ「『心配』という言葉の背後に嫉妬がある」参照）。

Gさんの妻の場合、「あなたは自由に、好き勝手に生きられていいわね」のような、夫に対する何らかの嫉妬があると推測できます。調子が弱っているGさんは、どうしても弱者になります。弱者になればよけいに、（相対的に強者になっている）妻からの嫉妬攻撃をストレートに受けやすくなります。そのことで、Gさんはいっそう動けなくなってしまうわけです。

一見わかりにくいのですが、Gさんに起きているバグの原因として、妻からの嫉妬攻撃が占めるウエートはかなり大きいと思われます。

ところがこれだけではありません。Gさんの場合、医師からの嫉妬も「無気力」の原因として考えられます。

Gさんは自分に起きている症状について熱心に調べたうえで、病院を訪ね歩いたと言っています。

現代は、患者が医師から嫉妬を受けやすい時代です。一昔前なら「お医者さま」と言ったように、医師は医師であるというだけで偉くて立派な存在だという尊敬を世間の人たちから集めました。もちろんいまも、そういう態度で接する患者さんはいるでしょうが、やはりインターネット等で素人でもいろいろと調べることが可能な時代です。

たとえば医師が診断する前から「私は更年期ではないですか？」などと患者に言われたら、医師だって「この患者さん、面倒くさいなぁ」といった感覚を抱きます。この「面倒くさい」と感じる段階で、すでに嫉妬が起きています。

Gさんに限りませんが、いまは医師も知らない知識を持つような患者がたくさんいるはずです。自分が疑いもしないような病名を提示してこられたら、嫉妬が起きないわけがありません。「自分よりも勉強していないくせに、お前は余計な知識を持ちやがって」という形で嫉妬が生じてもおかしくありません。

最近は入念に調べてから病院に行く人が多いので、こうした医師による嫉妬が大きい時代だ、ということを自覚したほうがいいでしょう。医師を嫉妬させてしまうと、病気はますますこじれていきます。いくら最先端医療を施す大病院に行き、有名な医師に担当してもらおうと、その医師に嫉妬発作を誘発させてしまったら元も子もない、ということです。良かれと思って調べた事柄も、得意顔でそのまま医師に話すのはかえって危険だということです。

バグ撃退法――自覚と病院受診時の心がけ

Gさんのケースでは、まず、妻や医師の嫉妬が自分の無気力と関係している可能性を自覚することが大事です。「まさか」と思われる相手からの嫉妬の場合はなおさら、気づくだけでも大きな意味があります。そのうえで、これまで述べてきた相手の嫉妬や執着から離れる方法の中で、「これだ！」と感じる方法、自分に合うと感じる方法があれば、それを実践してみてください。

ここでは、最近とくにケースが増えている医師の嫉妬、これを免れるために必要な受診時の心がけについて述べます。

まず病院に行くときは、医師の嫉妬を受けないこと自体がけっこう重要なのだと自覚してください。たとえば「この医者はわかっている」とか「この医者はダメだ」と万能感を働かせて自己判断をすることはアウトです。やはり自分の「快・不快・快・不快……」の感覚に委ねるのが正解です。医師が発した言葉に「快」と感じたら、「嬉しいです」と素直に答えればいいですし、「不快」と感じたら、「不安です」と正直に答えればいいのです。病院にかかるときは、医師の嫉妬というバグをなくすことも大事なのです。

更年期障害による無気力

Gさんが無気力になる3つめの原因が、医師にも指摘されたという更年期障害です。年齢が50歳を超えてくると、更年期障害を疑ってみる必要があるでしょう。更年期障害は病気ではありませんが、ホルモンの分泌に乱れが生じている状態です。

男性の場合、テストステロンというホルモンが減ることが、更年期障害を引き起こす最大の原因です。テストステロンの分泌が減ると、筋力低下や精力減退、高血圧症状が見られるようになるだけでなく、疲労が溜まりやすくなったり不安が続いたり、積極的な気持ちが起きにくくなったりします。「日常がルーティンの連続で楽しさがまったく感じられず、無気力です」「新しいことに挑戦する勇気が出ず、地元のサークルに行ってみようという気もまったく湧きません」などと言って私のもとに相談に訪れる50代以上の男性クライエントさんは結構います。

バグ撃退法――ライバル作りと恋愛を

テストステロンを分泌するようになるには、人との交遊をすることが効果的です。

「あいつには負けたくない」と感じられるライバルを見つけると、テストステロンが出るようになります。実力が自分より少し上で、「絶対あいつには負けない」と感じるような相手を見つけるのは、万能感に覆われない環境を作るためにもいいでしょう。

自分より明らかに実力が劣る相手では、つまらないと感じてライバル心が湧いてきませんし、テストステロンも出ません。反対に実力が自分よりあまりに上の相手では、ライバル心より緊張感が勝ってしまい、やる気を高めるテストステロンが出ません。

そして、テストステロンを分泌するために最も効果的なのは、恋愛をすることです。恋をすることで、テストステロンが分泌されます。恋愛は、ホルモン分泌に変動を起こし、自然に気力が湧いてくるようにさせるのです。

人間は恋をしていないと、ホルモン分泌がどんどん衰退していくというのが本来です。その点で、どうやって「恋する状態」を作るかというのは、大切な問題です。恋をしていると、ある程度若さを保つことができ、積極的な気持ちにもなれます。心がときめいた状態とは、恋愛しているときの状態です。

反対に恋をせず、テストステロンが減っていくと、日々の生活から新鮮さが失われ、何をしてもルーティンだと感じるようになる、というわけです。

ただ、いわゆるパートナー以外の人との恋愛は、結果的に嫉妬など感情的なトラブルを生じさせるので、かえって面倒な事態――「快・不快」コードに乱れが起きバグを生じさせる事態――を招くことになります。ですから、伴侶に恋をすることがとても重要です。Gさんも、奥さんに対してもう一度恋愛感情を持てば、自分が無気力から脱することができるだけでなく、奥さんの嫉妬を和らげることもできるでしょう。

男女に関係なく、人間には、「何か」や「誰か」のために生きていないと積極的になれないところがあります。

たとえば、仕事を辞めると、それ以外のことにもすっかり気力をなくしてしまう人がいます。そういう人にとっては、会社という場所が、「何か」を実現させるための1つの大事な要素になっているのです。ほかに「子どものために頑張ろう」とか「可愛い孫のために」という気持ちがあることでも、人は積極的でいられます。ただ、子どもがいない人では、そういう気持ちにもなれません。人間は、誰かのために生きているという状態のほうが、平たく言うと生きがいを持てるのです。

ですから、「何かのため」「誰かのため」という「何か」や「誰か」を見つけたほうが、人は積極的でいられます。それを得るために、最も早道となるのが、恋愛をすることなのです。

第4章　恐るべし！ 脳のネットワーク

——母親との関係性が作る「無気力」とその他の無気力

この章では、脳のネットワークが作り出す「無気力」のうち、「嫉妬」以外の要素について紹介していきます。中でも無気力に大きく影響する要素として「母親との関係」がありますが、それ以外にも、いま陥っている無気力状態にはさまざまな脳のネットワークが関係していることを知ってほしいと思います。

(1) 母親との関係性が作る無気力

母親との関係性が、自分の「無気力」状態に影響していると言うと、万能感や嫉妬の場合よりも、さらに「どうして?」と感じる人が多いかもしれません。

「私はずっと母と仲がいいので、関係性は良好です」とおっしゃる方も多くいます。しかし、必ずしも母親と不仲な方が無気力になるというわけではありません。

子どもがこの世に生まれて、初めて親密な関係を築く他者は、ほとんどの場合母親です。そのため、母親と自分がどういう関係を築いて現在に至っているかが、社会においてその人が他人と築く関係性にも非常に大きな影響を及ぼしています。子どもと母親との距離感は、ある程度長い時間をかけて築いてきたものですから、当人にとってはそれが「当たり前」と感じられているはずです。しかしだからこそ、その人の思考や行動の習慣のおおもとを作り出しているのは母親との関係性であるにもかかわらず、気づきにくくなっている、とも言えます。

では、母親との関係性が作り出す「無気力」にはどのようなものがあるかについて見ていきましょう。

エピソード⑤ 他人との距離感がわからず、動けなくなるCさん

他人との境界線がうまく引けないと感じています。親しい人ができると、その人と自分との境界が曖昧になってしまい、たとえば「その人が優遇されているのに、何で自分はこんな扱いなんだ」というように、相手が目上の立場だとしても、親しくなるとその人と自分を同じステージにいる人間だと考えてしまいます。相手に対して引け目を感じたり、逆に嫉妬を感じたりすることもあるので、そんな自分を嫌

いになります。そしてだんだん新しい交友関係を築くことが億劫になってきます。

(35歳、女性)

母親との関係性が再上演される

Cさんは親しい人との距離感をどのようにして作ったらいいのかで悩み、バグを起こしています。Cさんのような悩みを抱える人には、現在の人間関係が直接悩みに影響しているというよりも、幼児から続いた母親との関係性が影響しているケースがしばしば見られます。

親しければ親しいほど、その他人との関係において、母親と自分の関係性を再上演してしまう可能性が大きくなるのです。

Cさんの場合、母親とCさんが対等な関係であったことが推測されます。

本来、母親は自分を守ってくれる存在であるべきです。その意味では、母と子は決して対等な関係性ではないのです。母が上、子が下でいいのです。それを無視して対等な関係性を持つことで、上の立場になるはずだった母親が嫉妬の発作を起こし、いつのまにか母娘で「嫉妬する／される」関係になってしまっているのです。第3章で説明してきた「嫉妬攻撃による『無気力』」と深く関係しています。

よく「友だちのように仲の良い母娘」というフレーズを聞きますが、幼少期からそのような対等な関係性を母親と築いていると、人との距離感がつかみづらいという悩みを抱えることがあります。

人間関係はすべてが対等である必要はなく、差があってもいいのだ、という感覚をCさんが持てなくなっている可能性があるのです。

Cさんが人間関係をそのように捉えるようになる原因として、母親との関係があることを指摘すると、Cさんは「え？　母との関係がいまの悩みに影響？　私自身の問題ではないんですか？」と言って驚きました。母親は子に対して無意識に嫉妬の発作を起こしており、子のことを嫌ったりいじわるをしたりしているわけではないため、お互いに気づかないケースがほとんどなのです。しかしその後、次のように答えました。

「でも、言われてみると、確かにそうかもしれません。私自身、子どもを産むのが怖いという感覚があります。たとえば娘が自分よりとても可愛かったり、自分よりスポーツや芸術の才能があったりしたら、嫉妬してしまうんじゃないかと思って。応援する気持ちになれないんじゃないかと思うと、とても怖くて子どもを産みたくなくなります」

Cさんがこう言うのは、母親と自分の関係性——嫉妬する／される関係——が自分と自分の娘とのあいだで再上演されることに恐怖を感じていることを表しています。

エピソード⑥　容姿コンプレックスに悩み続けるDさん

私にはいとこが10人いるのですが、その中で私が一番不細工だったんです。それで子どものころ、いとこたちに「デブ」「不細工」とよく言われていました。そのことが関係していると思いますが、現在でも容姿にコンプレックスがあり、異性に対して積極的になれません。どうしたら「自分の容姿なんて関係ない」「心が大事だ」と思えるようになるのでしょうか。

（55歳、男性）

母親が作る容姿コンプレックス

Dさんは、55歳になる現在まで容姿へのコンプレックスに苦しめられてきました。

現在はスラリとした体型ですが、子どものころ、いとこにいじめられた当時は太っていたと言います。私は「子どものころのDさんを太らせたのは、お母さんだと思いますよ」と、母親の嫉妬のメカニズムについて説明しました。

Dさんには生まれつき容姿に秀でたところがあったのです。ただしそれらがあることで、母親は自分の影が薄くなります。それで嫉妬の感情から、無意識に息子を太らせるという行為に至った、と考えられます。Dさんに光るものがあったからこそ、それが外にわからないようにするために、太らせたというわけです。

いじめられた過去と決別すれば問題が解決すると思っていたDさんは、いま陥っているバグの原因が母親からの嫉妬だと知り、驚いていました。

では、いとこたちはなぜDさんをいじめたかというと、それは容姿以外のDさんの能力――知性など――があったからでしょう。容姿以外の能力にいとこたちは恐れをいだき、嫉妬したため、いじめて潰そうとしたと言えます。Dさんが何か優れたものを持っていなければ、いじめないわけです。

その意味で嫉妬とは本当に怖いものですし、Dさんの場合、幼少期のこうした身近な人間関係が大人になってからのコンプレックスを作り出している、と言えます。

バグ撃退法——母親に感謝の手紙を書いて、母親の嫉妬発作を止める

Cさんの陥っているバグも、Dさんの陥っているバグも、母親との関係性が原因で引き起こされています。それはつまり、母親との関係性を変えることができれば、バグは自然と取り除かれるということです。

この関係性を変える第一歩は、母親から嫉妬を受けていることを認識することです。「いえ、そんなことはあり得ませんよ」などと否定ばかりしているうちは、残念ながら関係性は変わりません。

そして、母親との関係性を変えるために私が勧める方法は、母親に「感謝の手紙」を書くことです。「感謝の手紙」を書くことで、母親との関係性は如実に変わっていきます。だまされたつもりで、ぜひ実践してみてください。

このとき気を付けることは、呼称を入れる場合は「お母さん」ではなく、必ず「お母さま」にすることです。

母親が嫉妬するのは、母と娘とがある意味で「対等」な関係になっているからです。これに対し、母が「上」、娘が「下」であることを娘自身が認める内容を手紙で表すことができれば、母の嫉妬発作は収まる、というわけです。必ず「さま」を付けるのも、母との上下関係をしっかり認め、境界をはっきりさせるためです。つまり手紙を書くことで、上下関係をきちんと付ける（認める）必要があるのです。

今まで育ててくれてありがとう、という感謝の思いを連綿と書くことで、自分は母親に育ててもらったのだという位置付けを、自分自身も明確にすることができます。そうすると娘のほうが下であることがはっきりするので、母親に嫉妬発作が起きなくなります。

感謝するというのは、関係性を俯瞰するという意味では上から目線の感情ですが、母親が上、自分が下と位置付けることによって、母親をきちんと尊敬することもできるのです。尊敬できることで、母との適切な距離を作ることができます。

適切な距離が作られれば、それまでの母との関係性を再上演せずに済むようになり、同時に嫉妬する／される関係性も消滅します。

Dさんの容姿コンプレックスは、母親の嫉妬から始まっています。ですからDさんにとっても、まずは母親に感謝の手紙を書くことで関係性を変えていく方法が有効です。Dさんは容姿コンプレックスから脱したいという思いがあるので、感謝の手紙には、そのコンプレックスについて書く必要があります。「○○してくれたおかげで、私はいまの容姿に満足している」というように、感謝していることを具体的に表して書くのです。そうすることで、母親の嫉妬発作は収まります。

容姿に限らず解消したいコンプレックスがある人は、必ずそれを手紙に書いてください。頭が悪いと言われて育ったのだとしたら、母親のおかげで教養を持てたことを感謝する旨を書くのです。

母親が、「自分が育てた娘がこんなに立派になったのだ」と思えれば、嫉妬をしなくなります。感謝の手紙は、娘にとっても母にとっても、呪縛から解放される方法なのです。

母親の嫉妬によってバグが生じて他人との距離感がうまく保てないCさんにとっても、容姿コンプレックスに悩むDさんにとっても、感謝の手紙が潤滑油になってバグは消えていくはずです。

［※補足］父親との関係性で悩む人にも「感謝の手紙」は役立つ

母親の嫉妬発作によって子にバグを生じるのと同様に、父親の嫉妬発作によって子（とくに息子）にバグが生じるケースもあります。

父親が原因で息子に生じるバグもさまざまな問題を孕《はら》んでいるので、個々のケースにより取るべき対応に差は生じますが、母親のケースと同様に、おおもとのところで息子が父親に感謝することができれば、バグは解消の方向に向かいます。

父親によって息子に生まれるバグで典型的なのは、権威というものを受け付けられなくなる、という状態です。たとえば上司の指示に従えなくなったり、目上の人に反抗的な態度を取ってしまったりするバグを起こします。

母親のケースと同様、父親が息子に嫉妬することで、息子にコンプレックスが作られます。息子という存在は、父親から見ると「自分の妻から最も愛される」存在ですから、究極の嫉妬の対象になるわけです。

そういう観点からも、やはり「感謝の手紙」は有効です。自分のバグの原因に父親との関係性があると気づいた人は、ぜひ試してみるといいでしょう。

母親から離れたことで目に見える変化が現れた私

たとえば私の場合、母親から「この子は勉強にちっとも集中できないから、この先、まともな進学ができないのかも」と心配されていました。

そして私は実際に、「試験勉強をしなければ！」というときでも、3分と集中することができませんでした。消しゴムをいじったり、シャーペンの芯を出し入れして時間が過ぎ、勉強などまったくできない状態になっていたのです。

学校でも、クラスメイトからは「何でそんなに勉強ができないの？」と呆れられていました。

「この子は勉強に集中できないから、この先もずっと勉強ができない」という母親の心配が、脳のネットワークを通して私に伝わっていたわけです。「この子は勉強に集中できない」「この子は勉強ができない」という母親の思いが、結果的に、私の「集中したくてもできない！　勉強がわからない！」状態を作っていた、と思われます。

　ただ、こう書くと「それはたんに、勉強ができない原因を親に押し付けているだけだろう！」とおっしゃる人もいるでしょう。私自身も、当時は「自分は言い訳ばかりしているダメな人間で、だから前に進めないのだ」と思っていました。

　ところが、次のような出来事を経験したことで、私の思いは確信に変わりました。

　高校時代、英語の成績は10段階で2だった私でしたが、「アメリカに留学して心理カウンセラーになるのだ！」と一念発起し、母親から遠く離れた地・アメリカに行って勉強を始めたのです。

　ただ、そのときでも、母親と電話で連絡を取っているあいだは、「勉強に集中できない」自分は健在でした。

　しかし、母親と連絡を取らなくなると「あれ？　僕って勉強に集中できるかも！」という状態に変わっていったのです。それまでは、教科書を開いた途端に自分の部屋が片付いていないことが気になったり、掃除を始めたりして「疲れて勉強なんかできない！」状態になっていた私が、一定の時間、教科書を集中して読むことができるようになりました。

さらに、それまでの「集中できない」状態は何だったのだ！　と思うほど勉強し続けられる自分になったのです。

それでも、長期休暇で日本に帰って母親の近くにいるあいだは、以前の「集中できない」状態が戻ってきました。教科書のページを開いても、また読まずにほかのことを始めたりするのですから。

しかし再びアメリカで勉強を始めると、集中もでき、勉強がとてもはかどりました。人生で初めて、成績がどんどん上がっていく喜びを感じられたのです。

こうした経験を通して、「心配」という体裁をとって母親が頭で思ったことが、電気信号となって私に伝わってくるのではないか？　ということが見えてきました。

「心配」という言葉の背後に嫉妬がある

ここで、重要なポイントがあります。

第3章で、宿題をしない子どもを叱る母親のエピソードを紹介しました（124ページ「嫉妬発作に気づくだけで状況は変わる」参照)。これは「自分は家事などいろいろとしなければいけないことがあるのに、どうしてこの子だけ自由に遊んでいるのよ、ずるい」という母親の嫉妬心が、子どもの宿題をしない状態を作ってしまった例です。つまり、感情や言葉に嫉妬が入ってしまうことで、子どもの「快・不快」コードを乱す結果となるわけです。

「あなたのことが心配なのよ」と言う母親の場合、むしろ自分の嫉妬を打ち消そうとして、こうした言葉を子どもにかけている、ということになります。

ただ、繰り返しになりますが、嫉妬は動物的な反応で、発作です。母親が子どものことを心配する思いは、それはそれで本当の思いでしょう。しかしそれと同時に、自身ではコントロール不可能な嫉妬という感情が湧いてしまうのも、動物である以上、止められないことだ、と言えるのです。

さらに、私自身がそうだったように、子どものほうは親の嫉妬攻撃に絡め取られることで、よけいに「ダメなのは自分だ」「自分のほうに問題があるのだ」と思い込むようになっていきます。このとき、嫉妬攻撃を受けているほうは、いまの悩みの原因が相手の嫉妬にあるとはなかなか気づけないために、スパイラルを起こすように問題を深刻化させていきます。

とはいえ、ここまで本書を読んできた人にはすでにおわかりだと思います。この、相手（ここでは母親あるいは父親）の嫉妬に気づく（認識する）ことができれば、トラブルのある状態から抜け出していける、ということです。たとえば「感謝の手紙」を書くことは、最もわかりやすい、親の嫉妬を断ち切る方法になるのです。

（2）その他の無気力

第3章では「嫉妬」、この章では「母親との関係」という、脳のネットワークが生み出す無気力について見てきました。

ただし、言うまでもなく、脳のネットワークが生み出すバグはこうしたパターンに限られるわけではありません。無気力というバグを生む原因にはさまざまなものがあるのです。

エピソード⑦ 優先順位を付けた行動ができなくなっているWさん

これまでの私は優先順位を付けて効率よく仕事を進めてきました。それがここ3週間ほど、優先順位の通りに動けないのです。つい、他の優先順位の低いものから手をつけてしまうため、その結果優先順位の高いものが後回しになってしまい、終わりません。これまでこういうことはなかったので、戸惑っています。

たとえば、いまの私が最優先してこなさなければいけない仕事は、▽○社に納品することになっている新商品の見本作りだと、頭ではわかっています。でもその見本作りがいっこうにはかどりません。わかっているのに動けないのです。自分でも原因がわからなくて困っています。どうしたらいいのでしょうか。（40歳、女性）

周囲の善意に足をすくわれている可能性も

Wさんの場合、最優先しなければいけないという仕事の内容を自分の判断で決めているわけではないので、万能感が原因で動けなくなっているわけではありません。

さらに、今回を除いて、これまで優先順位通りに動けないことで悩んだことはないと言っていますから、彼女自身の行動の癖や習慣が蓄積された結果、いまの悩みに結びついているわけでもなさそうです。念のために体調の変化についても尋ねてみましたが、とくに不調は感じていない、ということでした。

こういうケースでは、周囲にいるいわゆる世話焼きの人に、Wさんの行動や生活のペース、リズムを乱されている可能性が考えられます。近くにいる上司や先輩、取引相手などの世話焼きの人が、Wさんが自分に依存してくることを望んでいるために、Wさんの中の優先順位を混乱させて困らせているという可能性も考えられます。

たとえるなら、「こうでしょ」「ああでしょ」と言って何でもやってあげる世話焼きの母親が近くにいると、子どもが自分では何もできなくなってしまうようなものです。優先順位通りの行動ができなくなるのも、母親にいつも決めてもらっているから、というケースです。

こうしたケースで厄介なのは、母親がそうであるように、世話を焼く人は善意で接してきている、ということです。

第3章で紹介した、上司の嫉妬攻撃を受けるAさんのようなケースでは、嫉妬であることには気づきにくくても、常にネガティブな感情を呼び起こされる上司が、いまの無気力の原因であろうことは、Aさん自身何となく想像することができます。

いっぽう、一見いい人でもある世話焼きの人に操作される場合は、そういう人が近くにいても警戒心を抱く人はほとんどいませんから、脳のネットワークを通した影響をよけいに大きく受けやすくなる、とも言えるのです。

「周囲に怖い上司などいないのに、自分が無気力である」と感じている人は、自分の周りにいる世話焼きの人に注意してみてください。

バグ撃退法――邪魔されていると認識する

Wさんのように、仕事の優先順位通りにうまく動けないというバグが生じたときは、誰かに邪魔されたり、操作されている可能性があります。しかも、邪魔している相手は意外な人です。身近にいる世話焼きの人であることが多いのですが、あたかも母親と子どもの関係のような感じです。母親は自分に頼ってほしいために、子どもの力をなくすようなことをすることもあるのです。

解決法としてはまず、その人に仕事を邪魔されていることを認識することです。「あっ、あの人に邪魔されているのだ」と認め、決して自分を責めないことです。このようなケースでも外在化することがやはり大切です。

「邪魔されていると思ったら、その人のことを嫌いになりそうですが、それは違うのですね」と尋ねたWさんに、私はこう答えました。

「いいえ。嫌いになってもいいと思いますよ。邪魔されるぐらいなら、距離を置いたほうがいいですから。でも実際には、意識的に嫌う必要もありません。ただ、『私はあの人に邪魔されているのだ』ということに気づくだけでいい、ということです」

Wさんは、「では、あまりお節介焼きの人に依存しないほうがいい、ということでしょうか」とさらに尋ねましたが、この場合はそういうことでもありません。

Wさんのいまの問題は、優先順位通りに仕事がきちんとこなせるかどうかです。他人に依存していいか依存しないほうがいいか、という問題ではありません。優先順位通りに仕事ができるようになったほうが、Wさんも楽しいわけですから、その通りに動けないというバグを取り除くことが目的なら、「ああ、この人に邪魔されているんだ」と認めるだけで、仕事はスムーズに運ぶことが多いのです。

エピソード⑧ 少し先に嫌なことが待ち構えているとき、一歩も前に進めないSさん

私は、たとえば「いまから先方に謝りに行かないと」というような憂鬱な予定を前にすると動けなくなります。会社を辞めたいと思っても辞める手続きを考えたり、辞めようとしたら部長にネガティブなことを言われるのではないかなどと想像しただけで、一歩も前に進めなくなってしまうのです。どうしたら動けるようになるでしょうか。

（36歳、男性）

未来は変える方法がある

人間の脳は他人の脳とつながることができるという、脳のネットワークについては、すでに繰り返し述べてきました。そして、脳で行なわれているであろうネットワークは、いまの科学では測定できません。まだ仮説段階ですが、次のようなことも考えられます。

それは、過去の自分や未来の自分にもつながるかもしれないということです。過去を思い出して嫌な気分になることがあるのは、過去の自分の脳をいまの自分が真似しているから、と言えるわけです。

ミラーニューロン説をもとに右のように考えてみると、Sさんがいだく「先のこと」への不安とは、可能性として、脳が未来の自分にアクセスすることで呼び起こされている、と言うことができます。Sさんが「謝りに行くのは気が重い」と言うのは、謝りに行って本当に失敗する未来があるから、その未来の自分の脳がいまの自分の脳とつながって不安が生まれ、バグが起き、動けなくなっている、ということです。

周囲にいる多くの人は、「先のことが不安だ」と言う人に対して、よく「考えすぎだよ」などと声をかけます。しかしその不安が思い過ごしかどうかなど、実は誰にもわかりません。将来、その不安な状態が本当に待っているから現在不安なのかもしれません。つまり、将来への不安は「思い過ごし」では片付けられない、ということです。

しかし、だからといって絶望的になる必要はありません。「思い過ごし」でないならば、いま感じている「気の重さ」は未来にある失敗を自分に教えてくれている、と受け取ればいいからです。そして、未来にあり得る失敗をできる限りいま学習していけば、失敗しない選択肢（つまり成功する行動）が自動的にわかってくるからです。

私がお勧めするバグ撃退法は、失敗した未来から学習することでベストな選択をする、というものです。

先ほども言いましたが、これは科学的にエビデンスがあるわけではないので、次に紹介するバグ撃退法をそのまま実行することに抵抗を持つ人もいるかもしれません。ただ、「自分が怠けているから嫌なことを避けているのではなく、自分は起こるべき未来を回避しようとしていたのだ」と外在化するトレーニングだと捉えてください。

バグ撃退法——失敗した未来から学習する

では具体的に、撃退法について紹介しましょう。

失敗した未来から学習するために、直感的に「気が重い」とか「気が進まない」と感じる感覚は大事にする必要があります。

まず、「これをしたら気が重い」と感じる行動を想像したら、その行動は「しない」

と決めてください。Sさんの例で言えば「先方に謝りに行くことは気が重い」と感じるのですから、「謝りには行かない」といったん決める、ということです。

「謝りに行かない」と決めると、今度は次の不安――たとえば先方が怒って会社に電話をしてきて「何で来ないんだ!」と怒鳴られる様子など――が浮かんでくるはずです。そうしたら、そのイメージも気を重くするものなので、ふたたび見ないようにしてください。次に湧いてくるイメージが不快ならば、トランプの神経衰弱のゲームで、数字が一致しないカードをパッと伏せるように、イメージをパッと切り替えるのです。ここで、あまり考え込んではいけません。一瞬で決めてください。

すると、また時間軸が変わり、未来も変わります。謝りに行かないことで起こり得る未来が次から次へと自分のイメージに浮かんできます。

思い浮かべられるだけ思い浮かべ、次々とカードを伏せるようにその選択肢を見ないようにしていると、そのうちに、何も浮かばなくなってきます。何も浮かばなくなったらどうなるかというと、そのときに自分が一番成功する未来が見えます。そうして、自動的に行動できるようになる、という方法です。

不安な感じがするというのは、未来に本当に起こるであろう失敗を表します。それを回避すると、次の別の時間軸でトラブルが見えてくるはずです。そうやってパッと浮かんでくる嫌な感覚を消す（見ないようにする）ことを繰り返すことで、想定されるありとあらゆる失敗を学習するのです。

失敗した未来を一度見れば、どの行動が失敗を招くのか学習できます。神経衰弱ゲームで、どの数字がどこにあったか、一度めくってみれば学習できるような感覚と似ています。そうして何も思い浮かばなくなった状態が、もう自動的に学習されて、ベストな行動が何か直感によってつかめる状態です。直感力が働いて「ここだ！　いまだ！」と感じられ、自動的に動けるようになるのです。

失敗から学習していって、たくさん学習すればするほど、どうやったら成功するかが自動的にわかるという話です。「嫌だなぁ」と考えているときは、だいたいその感覚通りに嫌な未来が待っている、それは正しい、だからその未来を消していこう、という方法です。

「先方に謝りに行くのは気が重い」と思っていたSさんがこの方法を実践したら、最終的には、「行くか」という形になりました。「行かなきゃ」ではなく、「行くか」です。そして行ってみると自動的に、その場で言わなければいけない言葉がスラスラと出てきたのです。未来の失敗からすでに学習しているから、同じ失敗をせずに済んだのです。

おわりに

バグが取り除かれるとどうなるか

本書を読む前と後とで、「無気力」の捉え方は変わりましたか？　それとも変わりませんでしたか？　変わったという人は、ヒトに起こる「バグ」が日常生活や体調に大きな影響を与える、などという考えを初めて聞いたからではないでしょうか。

たいして変わらなかったという人は、「バグ」という言葉は別として、そもそも「快・不快」コードに従って生きる存在がヒトだ、という考えをすでに体得している人だと言えるでしょう。

本来、私たちの生き方というものは幸せな方向に向かうことになっています。ただしそれは「快・不快」コードを大事に生きていれば、ということです。そこに何らかのバグが生じてしまうから、精神のアップダウンが激しくなり、見なくてもいいみにくい風景をたくさん見てしまう、ということです。

逆に捉えると、バグが取り除かれたときにはアップダウンがなくなるので、静かで淡々とした世界が広がっているだけ、とも言えます。しかしその世界は、あなたにしか見ることができず、あなたにしか味わえない世界です。その世界を見るためにあなたは生きている、とさえ言えます。

私たちは誰もが、いま、ここでしか感じられず、触れられない風景を蓄積させることのできる主体なのです。誰もがそうやって人生という作品を作っていくとするならば、楽しくきれいで、愉快な風景をたくさん集めていきたいと思いませんか？

万能感を捨て、脳のネットワークの仕組みを知ることでバグを取り除き、「快・不快」コードで生きることは、「無気力」状態を脱するために何より大切なことです。しかし、それにとどまりません。見えてくる人生の風景をいっそう美しくするためのヒントとしても、本書を活用してもらえれば嬉しいです。

2018年7月30日

大嶋信頼

著者略歴

大嶋信頼
おおしまのぶより

心理カウンセラー、株式会社インサイト・カウンセリング代表取締役。

ブリーフ・セラピーのFAP療法を開発し、トラウマのみならず多くの症例を治療している。

アルコール依存症専門病院・周愛利田クリニックに勤務する傍ら東京都精神医学総合研究所の研修生として、また嗜癖問題臨床研究所付属原宿相談室非常勤職員として依存症に関する対応を学ぶ。

12万部を突破した『「いつも誰かに振り回される」が一瞬で変わる方法』（すばる舎）など著書多数。

幻冬舎新書 512

「やる気が出ない」が一瞬で消える方法

二〇一八年九月三十日 第一刷発行
二〇一八年十月二十日 第二刷発行

著者 大嶋信頼
発行人 見城徹
編集人 志儀保博
発行所 株式会社 幻冬舎
〒一五一-〇〇五一 東京都渋谷区千駄ヶ谷四-九-七
電話 〇三-五四一一-六二一一(編集)
〇三-五四一一-六二二二(営業)
振替 〇〇一二〇-八-七六七六四三
ブックデザイン 鈴木成一デザイン室
印刷・製本所 株式会社 光邦

Printed in Japan ISBN978-4-344-98513-1 C0295
お-26-1
幻冬舎ホームページアドレス http://www.gentosha.co.jp/
*この本に関するご意見・ご感想をメールでお寄せいただく場合は、comment@gentosha.co.jp まで。

石田淳
始める力

英会話やダイエットなど、始めたいのにできない人の役に立つのが「行動科学マネジメント」のメソッド。「ハードルを下げる」「小さなゴールをつくる」「形から入る」などの始めるヒント17。

大野裕
不安症を治す
対人不安・パフォーマンス恐怖にもう苦しまない

内気、あがり性、神経質――「性格」ではなく「病気」だから治ります。うつ、アルコール依存症に次いで多い精神疾患といわれる「社会不安障害」を中心に、つらい不安・緊張への対処法を解説。

岡田尊司
過敏で傷つきやすい人たち
HSPの真実と克服への道

決して少数派ではない「敏感すぎる人(HSP)」。この傾向は生きづらさを生むだけでなく、人付き合いや会社勤めなどを困難にすることも。過敏な人が幸福で充実した人生を送るためのヒントを満載。

齋藤孝
イライラしない本
ネガティブ感情の整理法

イラつく理由を書き出す、他人に愚痴る、雑事に没頭する、心を鎮める言葉を持っておくなど、ネガティブ感情の元凶を解き明かしながらそのコントロール方法を提示。感情整理のノウハウ満載の一冊。

幻冬舎新書

上原隆
君たちはどう生きるかの哲学

いま素朴で実直な問いかけが人々の心に響く。〈個人が失敗し後悔し、そこから意味を見つけて成長することこそが哲学なのだ〉という鶴見俊輔の考え方を補助線に不朽の名著を丁寧に読み進める。

小長谷正明
世界史を動かした脳の病気
偉人たちの脳神経内科

ジャンヌ・ダルクが神の声を聞いたのは側頭葉てんかんの仕業？　南北戦争終結時、北軍の冷酷なグラント将軍が南軍に寛大だったのは片頭痛のせい？　リーダーの変節を招いた脳の病を徹底解説。

佐々木俊尚
広く弱くつながって生きる

人とのつながり方を「浅く広く弱く」に変えた著者。その結果、組織の面倒臭さから解放され、世代を超えた出会いが広がり、仕事が沢山舞い込んできた。人づきあいと単調な日々を好転させる方法。

和田秀樹
感情バカ
人に愚かな判断をさせる意識・無意識のメカニズム

感情が過剰になり理性とのバランスを失うと、知的な人でも愚かな判断をする「感情バカ」になる。意識・無意識の感情が判断をゆがませる仕組みを解き明かし、感情で苦しまない・損しない生き方をアドバイス。

幻冬舎新書

五木寛之
健康という病

健康という病が、今日本列島を覆っている。溢れる情報の中、専門家の意見は分かれ、私たちは振り回されてばかりだ。どうすればいいのか？　必要なヘルスリテラシーとは？　健康不安が消える新・健康論。

吉沢久子
100歳まで生きる手抜き論
ようやくわかった長寿のコツ

一度きりの人生、誰もが100歳まで元気に生きたいと願うが、それが叶うのはほんの一握り。ならば長生きできる人とそうでない人は何が違うのか？　手を抜くコツがわかると人生は激変する！

佐々木閑　大栗博司
真理の探究
仏教と宇宙物理学の対話

仏教と宇宙物理学。アプローチこそ違うが、真理を求めて両者が到達したのは、「人生に生きる意味はない」という結論だった！　当代一流の仏教学者と物理学者が縦横無尽に語り尽くす、この世界の真実。

川上徹也
一言力《ひとことりょく》

「一言力」とは「短く本質をえぐる言葉で表現する能力」。「要約力」「断言力」「短答力」など「一言力」を構成する7つの能力からアプローチする実践的ノウハウで、一生の武器になる「一言力」が身につく一冊。